따라하기 쉬운 사교댄스

명품 지루박

기초 7가지

Korea social dance Jitterbug basics 7

김미아 著

전원문화사

사교댄스의 춤은 정신적, 육체적 건강 나이를 10년은 거뜬히 젊게 살 수 있을 정도로 좋은 점이 많은데, 아직도 모르고 있는 분들이 편견 때문에 망설이고, 이런 저런 이유로 계속 미루는 분들을 보면 정말로 많이 안타깝다. 춤의 장점은 헤아릴 수 없이 많다. 단순히 즐기기 위한 취미생활, 여가생활뿐만 아니라 어린아이부터 노년기까지 현대인의 필수 문화생활이고, 노후대책이라고 해도 과언이 아닐 정도로 정신적, 육체적 건강과 삶의 수준과 질을 높여 준다.

사교댄스의 바른 자세 춤은 뼈와 관절을 튼튼하게 하는 보약이고, 운동 부족으로 인한 각종 비만, 고혈압, 당뇨병, 뇌졸중 등과 같은 성인병의 예방약이고 치료약이다. 또한 현대인들의 정신적 스트레스나 우울증, 불면증, 갱년기 장애 등에도 아주 탁월한 효과가 있다. 이렇게 좋은 사교춤을 대한민국 국민이라면 누구나 쉽게 접하고 배우고 익힐 수 있는 기회를 만들어 드리고 싶어 **따라하기 쉬운 사교댄스 '명품·지루박 기초 7가지'**를 출간하게 되었다.

이 책은 초보뿐 아니라 몸치, 박치도 어렵지 않게 배우고 익힐 수 있도록 그림책 수준으로 집필하였다. 책에 나온 프로그램과 가이드라인과 같은 방법을 훈련하면 가정에서 가족들과 동네에서 이웃들과 단체나 모임에서 동료들과도 동호회를 함께 할 수 있도록 아주 싶게 누구나 가능하도록 만들었다. 특히 배우다가 실패했거나 포기했던 분들도 원리를 알고 훈련하면 다 성공해서 즐길 수 있도록 하였다. 고령화 시대에 어르신들도 여가시간에 심신단련을 할 수 있도록, 동네 마을 회관에서나 가까운 이웃끼리 집에서 충분히 배우고 익힐 수 있도록 쉽게 만들었다.

선샤인 댄스 컨텐츠 아카데미 대표 **김 미아**

차례_Contents

머리말 · · · · · · · · · · · · · · · · · · · 03

사교댄스 개론 · · · · · · · · · · · · · 06

1 남성 기초 입문 - Ⅰ단계

1장 지루박 기초스텝(4가지) · · · · · · · · · · · 17

　1. 삼각 스텝(기본 베이직) · · · · · · · · · · · 21

　2. 좌비켜 스텝 · · · · · · · · · · · · · · 26

　3. 우비켜 스텝 · · · · · · · · · · · · · · 31

　4. 남성 제자리 돌기 스텝 · · · · · · · · · · 34

음악 연습하기 · · · · · · · · · · · · · · 39

　1. 음악연습 훈련 방법 · · · · · · · · · · · 40

　2. 삼각스텝 음악 맞추기 · · · · · · · · · · 44

　3. 좌비켜 스텝 음악 연습 · · · · · · · · · 46

　4. 우비켜 스텝 음악 연습 · · · · · · · · · 47

　5. 제자리 돌기 음악 연습 · · · · · · · · · 48

　6. 종합 음악 연습 · · · · · · · · · · · · 49

2장 남성리드(손)동작 · · · · · · · · · · · 51

　1. 삼각 스텝 손동작 · · · · · · · · · · · 60

　2. 좌비켜 스텝 손동작 · · · · · · · · · · 65

　3. 우비켜 스텝 손동작 · · · · · · · · · · 77

　4. 남성 제자리 돌기 손동작 · · · · · · · · 84

　5. 여성 제자리 돌리기 손동작 · · · · · · · 92

부록 남성 기초 1단계(응용기술) · · · · · · 97

　1. 왼손 뿌려 여성 한바퀴 돌리기 · · · · · · 98

　2. 허리에서 손 바꿔 돌기 · · · · · · · · · 103

　3. 여성 한바퀴 반 돌리기 · · · · · · · · · 107

2 남성 기초 기술 – II 단계

1. 앞뒤 자리 바꿈 손동작 · · · · · · · · · · · · · · · 124
2. 어깨 걸이 손동작 · · · · · · · · · · · · · · · · 141
3. 안고 돌기 손동작 · · · · · · · · · · · · · · · · 156

3 여성 지루박 기초 – I 단계

1. 전후진 스텝(기본 베이직) · · · · · · · · · · · · · 175
2. 좌로 돌기 스텝 · · · · · · · · · · · · · · · · · 182
3. 우로 돌기 스텝 · · · · · · · · · · · · · · · · · 187
4. 한바퀴 돌기 스텝 · · · · · · · · · · · · · · · · 192

음악 연습하기 · · · · · · · · · · · · · · · · · · 199

1. 전후진 스텝(기본 베이직)음악 연습 · · · · · · · · 201
2. 좌로 돌기 음악 연습 · · · · · · · · · · · · · · 202
3. 우로 돌기(내추럴 피벗턴) 음악 연습 · · · · · · · 203
4. 제자리 돌기 음악 연습 · · · · · · · · · · · · · 206

여성 손동작(파트너와 연습하기) · · · · · · · · · · 209

1. 전후진 스텝 손동작(처음 시작하는 방법) · · · · · · 211
2. 좌로 돌기 손동작 · · · · · · · · · · · · · · · 217
3. 우로 돌기 손동작 · · · · · · · · · · · · · · · 222
4. 제자리 돌기 손동작 · · · · · · · · · · · · · · 226
5. 남성이 회전할 때 손동작 · · · · · · · · · · · · 230
6. 종합 연습 5가지 · · · · · · · · · · · · · · · 235

4 여성 지루박 기초 – II 단계

1. 한 바퀴반 회전 · · · · · · · · · · · · · · · · · 238
2. 남성이 앞뒤 자리바꿈할 때 (여성의 동작) · · · · · · · · 245
3. 남성이 어깨걸이 스텝을 할 때 · · · · · · · · · · 255
4. 남성이 안고 돌기 스텝을 할 때 · · · · · · · · · · 264

사교댄스 개론

사교댄스를 배울 때 기본적으로 알아야 할 내용을 먼저 알아봅니다. 사교댄스의 4종목과 우리나라 사교댄스의 다양성, 초보자들을 위한 준비물과 바른 자세, 남성의 리드능력에 대해 설명합니다.

1 사교댄스 4종목

우리나라 사교댄스는 지루박, 부루스, 트롯트, 사교탱고 4가지 종목으로 나누어져 있다.

1. **지루박**: 4/4박자를 6박자 패턴으로 빠른 노래에 맞춰 신나고 경쾌하게 남녀가 한 쌍으로 만났다 떨어졌다 하는 형태로 추는 춤으로 신나는 대중가요에 잘 어울리는 춤이다.

2. **부루스**: 12/8 슬로우락에 약간 느린 리듬으로 모던댄스처럼 남녀 한 쌍이 서로 양손을 잡고 홀드한 상태로 추는 춤이다.

3. **트롯트**: 4/4박자 약간 느린 템포의 리듬으로 남녀가 부루스처럼 홀드하고 산책하며 걷듯이 편하게 추는 춤이다.

4. **사교탱고**: 부루스 스텝의 춤을, 지루박이나 트롯트 음악에다 빠르게 추는 춤이다. 제일 많은 에너지와 체력이 소모 되어서 느린 트롯트와 지루박을 섞어서 추는 경우가 많다.

② 우리나라 사교댄스의 다양성

우리나라 사교춤은 한국말의 사투리처럼 지방마다 특색이 있고 개성이 있다. 그리고 집집마다 손맛이 달라 김치 맛이 다르듯, 전문가마다 스타일도 각각 다르다. 어찌 보면 예술은 똑같지 않은 게 정답일지 모른다. 사교춤의 스타일은 생각하는 것보다 어마어마하게 많고, 화려하고 멋진 동작들을 무궁무진하게 만들 수가 있다. 환경이나 취향이 다르다 보니 스타일이 다른 것처럼 보이나 기본 원칙은 일맥상통해서 약간에 차이점만 알면 서로 파트너를 배려하면서 춤을 출 수가 있다.

우리나라의 사교댄스는 한글처럼 창의적이고 우수한 점이 많다. 한글은 기본 글자, 자음 14개와 모음 10개의 조합으로 11,172가지의 글자를 만드는 것처럼 사교춤의 창의적인 예술성은 무궁무진하게 만들 수 있고, 자음모음처럼 기본 스텝과 손기술의 조합으로, 한글 수만큼의 다양한 기술을 만들 수 있으며 수준 높은 댄스문화를 창조할 수 있다. 우리나리 사교댄스가 발전해서 다른 나라에 춤보다도 훨씬 멋진 춤이 될 수 있기를 기원해 본다.

③ 왕초보님들의 준비물

초보자들이 지루박을 배우기 전에 먼저 준비해두어야 할 점을 정리해 본다.

1. 전신 거울

거울은 좋은 자세와 정확한 동작을 익히기 위해서 꼭 필요하다. 나쁜 자세로는 파트너와 좋은 춤을 출 수가 없다. 춤에서 가장 중요한 핵심 원칙이 '바른 자세'라는 것을 명심해야 한다.

2. 댄스 신발이나 미끄러운 양말

사교댄스는 파티장 같은 실내에서 추는 춤이라 바닥이 미끄러워야만 멋있는 모양의 춤을 출 수 있다. 일반 신발로 연습하거나 미끄럽지 않은 곳에서 연습하면, 발목이나 무릎 관절에 무리가 생길 수 있다. 미끄럽지 않은 곳에서는 연습을 삼가해야 한다.

3. 테이프와 자

일반 테이프보다 접착력이 약한 색 테이프로, 정확한 가이드라인을 만들어 2~3일 정도 몸에 익히도록 연습한다. 선생님이 티칭하는 경우는 가이드라인이 없어도 바르게 익히도록 알려 주지만 혼자서 책으로 독학하는 경우는 반드시 가이드라인을 붙여 놓고 연습하기 바란다.

4. 작은 물병이나 모래주머니

손동작 여성분 리드 훈련용으로 작은 물병이나 작은 모래주머니를 이용하는 것이 손에 감각을 익히는데 좋다. 남성은 바른 자세에서 스텝과 어깨, 팔, 손으로 여성 리드하는 것을 정확히 훈련해야지만 시행착오를 줄일 수 있다. 리드 손동작을 못해서 춤을 포기하는 경우도 많다.

4 사교댄스 자세

댄스에서 자세는 춤 실력이나 에티켓이나 본인 이미지 등 무엇보다 가장 중요하다. 남성의 리드 능력은 바른 자세에서 나오며, 여성도 바른 자세여야만 남성이 편하게 춤을 출 수 있다.

- 머리는 물 컵이나 책을 얹은 것처럼 흔들림 없이 걷는다.
- 시선은 정면을 보는 게 기본이고, 땅을 보고 추는 것은 눈감고 추는 것이나 마찬가지라 여성을 배려하는 춤을 못 춘다.
- 목은 길어보이게 뽑아 올린다.
- 어깨는 등 쪽에 힘을 주며 최대한 내린다.
- 가슴은 위로 올리는 느낌으로 앞으로 활짝 편다.
- 팔꿈치는 자연스럽게 구부린다.
- 손은 여유 있게 감아쥔다.
- 배는 단전에 힘을 주고 허리를 쭉 편다.
- 허벅지는 벌어지지 않게 붙여 걷는다.
- 무릎은 쭉쭉 펴서 뒤꿈치까지 힘을 주며 걷는다.
- 발은 11자 모양으로 붙여 걷는다.
- 발바닥은 빗자루처럼 바닥을 브러시하며 스텝을 한다.

바른 자세의 중요성

사교댄스에서 남성들은 빨리 기술을 익히는 것보다 바른 자세로 천천히 꾸준하게 익히는 것이 훨씬 중요하다. 기초 스텝만 열심히 배우고서는 여성 파트너들 리드동작을 못해 포기하는 분들이 부지기수이다. 그렇지만 몇 가지 기술만으로도 좋은 자세에서 부드러운 힘으로 리드 동작을 잘하면 충분히 재밌게 추실 수 있다.

남성의 리드 능력

바른 자세는 단전과 척추의 힘에서 비롯된다.

첫 번째 – 바른 자세로 몸통이 주도적으로 손과 발을 컨트롤하고

두 번째 – 발은 리듬과 스텝을 담당하고

세 번째 – 팔과 손은 여성을 신호주고 안내하는 역할로 '리드 능력'이 이루어져 있다.

초보님들은 꼭 명심하고, 바른 자세로 '리드 능력'을 잘 훈련해서, 여성분들을 편안하고 행복하게 리드할 수 있는 댄서로 성공하기 바란다. 여성 파트너가 편안하고 만족하는 춤이 잘 추는 춤이지, 남성 혼자 열심히는 추는데 여성이 불편하고 재미없는 춤은 결국 남성도 잘 추는 사교댄스라고 할 수 없다.

5 춤을 잘 추기 위한 연습 방법

지루박에서 한 가지 스텝을 반복 훈련을 꾸준히 한 달 이상해서 발의 습관을 만들어 나야지만 성공률도 높다. 머리로는 잊어버려도 몸이 기억하고 손발이 저절로 움직이는 습관이 되어야만 춤을 출 수가 있다. 바로 몸에 운동신경과 음악 감각으로 추는 것이 몸에 습관이 되어야 한다. 춤은 본인의 몸에 습관적인 행동이 길들여져야지만 가능하지 머리로 계산하고 흉내 낸다고 춤이 되는 건 아니다.

음악이라는 것은 시계 바늘처럼 한 치에 오차가 없이 정확한 속도이기 때문에 몸도 오차가 없이 정확히 움직여야 파트너와 음악을 느끼면서 댄스를 출 수 있고 사교댄스의 행복하고 황홀한 느낌을 알 수 있다. 하루에 한 가지 기술을 10분 배웠고 외웠다면 스텝연습, 리드연습, 음악연습을 하루에 30분씩 10번~20번 이상은 연습해야, 한 가지 댄스 기술을 몸이 평생 기억할 수 있

는 운동신경과 음악 감각을 몸에 습관으로 만든다. 몸에 습관 행동을 만드는 것은 66일이 걸려야 장기 기억이 될 수 있다.

한 가지 스텝은 머리로는 10분이면 외울 수 있을 만큼 쉽다. 그렇지만 뒤돌아서면 잊어버리게 되거나 시간이 지나면 생각나지 않는다. 또 초보 때는 파트너를 리드하려면 머릿속이 하얗게 지워져 파트너와 춤을 출 수가 없다. 또 내 몸도 마음대로 컨트롤이 잘 안 되고 파트너도 움직이지 않는 경우가 많다. 댄스의 기본 원리를 알고, 몸 훈련인 자세, 스텝, 손동작이 동시에 음악에 맞춰서 로봇이나 기계처럼 완벽하고 정확해야지만 여성 파트너를 편안하게 리드하면서 멋있고 즐겁게 춤을 출 수가 있다.

1

남성 기초 입문
– I 단계

- 남성이 지루박을 배울 때 필요한 기초적인 내용을 전체적으로 알아본다.
- 지루박은 남자들이 리드를 해야 하므로 주도적으로 여성을 이끌기 위해 알아두어야 할 내용이 많다.
- 자세히 단계별로 그림과 함께 설명한다.

1장

지루박 기초스텝
(4가지)

지루박의 특징을 살펴본 후, 지루박의 기본 베이직인 삼각 스텝, 좌비켜 스텝, 우비켜 스텝, 남성 제자리 돌기 스텝을 외우도록 하겠습니다.

1. 삼각스텝(기본 베이직)
2. 좌비켜 스텝
3. 우비켜 스텝
4. 남성 제자리 돌기 스텝

지루박의 특성

대중가요 중에 신나는 노래라면 왕초보들은 재미있게 지루박을 출 수 있다. 지루박의 박자는 6박자 패턴으로 이루어져 있다. 우리가 흔히 듣는 리듬 "쿵 짝"을 3번 반복한 것이 6박자 한 세트가 된다.

박자(두 박자씩)	"하나" "두울"	"세엣" "네엣"	"다섯" "여섯"
음악	"쿵 짝	"쿵 짝"	"쿵 짝"
구간별 형태	A 구간	B 구간	C 구간
남성의 6박자 패턴	춤의 기술을 결정하고, 스텝을 시작하는 구간	여성에게 명확한 리드 신호를 주며, 스텝을 하는 구간	여성의 회전을 도와주면서 마무리 스텝을 하는 구간
여성의 6박자 패턴	마무리하는 구간	신호를 받으며 출발하는 구간	신호에 따라 회전을 하는 구간

[표] 지루박의 6박자 패턴

위의 표와 같이 A, B, C 구간을 계속 반복한다. 이때 출발점과 도착점의 타이밍은 남성이 먼저 출발하고 여성은 리드를 받으며 2박자 늦게 출발하는 것이 지루박의 특징이다. 남성 분들은 리드의 원리를 잘 파악하기 위해서는 반드시 지루박 6박자 패턴의 차이점을 잘 이해 해야 한다.

남성과 여성의 6박자 타이밍

남성과 여성의 6박자 타이밍이 다르기 때문에 남성의 춤이 어렵다. 남성은 손 따로, 발 따로 2박자씩 다른 타이밍으로 움직이면서 리드해야 한다. 남성은 먼저 출발하고 난뒤에 여성은 2박자 늦게 출발하게 된다. 그래서 남성은 스텝과 손 리드 타이밍이 다르다.

리드손은 여성이 2박자 느리게 출발하고 리드해야 하고 2박자 느리게 마무리 시키는 리드를 해야 한다고 이해하면 된다. 그래서 여성은 남성의 리드에 따라 수동적으로 춤을 춰야 한다.

기본 매너의 중요성

기본 매너는 춤 배울 때는 직접적으로 상관없다고 생각하고, 나중에 춤을 잘 출 때 배우면 된다고 생각할지 모르나 처음부터 기본 매너의 개념을 이해하고 배우고 익혀나야 사교춤의 기본 원리를 더 쉽게 이해할 수 있으며 몸에 자연스럽게 익혀지면서 훈련이 된다. 매너란 상대방을 배려하고 소중히 대하는 마음과 불쾌감을 주지 않는 마음 씀씀이와 행동이다. 사실 매너가 하루아침에 만들어지고, 행동으로 실천되는 것이 아니라 배울 때부터 동작 하나하나 배려하는 마음으로 자연스럽게 익히는 것이 좋다. 그래야 자신도 모르게 드는 나쁜 습관도 방지할 수 있다.

사교춤은 나만 즐기는 춤이 아니라 상대도 함께 즐기고 행복하게 배려하고 신경 쓰면서 추는 춤이라 매너는 춤을 배울 때 기본적으로 갖춰야 할 필수 사항이다.

① 외모나 의상은 혼자 연습할 때는 큰 상관은 없지만 파트너와 연습할 때는 최대한 예의를 갖춰 입는다. 정식으로 무도장에 갈 때는 파티장이나 행사장에서 입는 정장 차림의 옷차림이 좋다.

② 후각적인 측면도 세심하게 배려해야 한다. 아주 가까이에서 호흡을 맞추다보니 땀 냄새, 입 냄새, 음식냄새, 담배냄새, 술 냄새 등이 나면 상대방

에게 불쾌감을 주기 때문에 세심하게 주의해야 한다.

③ 대화도 필요한 말만 예의를 갖춰 최대한 부드럽고 공손하게 대화한다. 사적인 질문이나 너무 많은 말은 삼가고 춤에 최선을 다해 집중하는 것이 매너이다.

④ 손도 필요한 리드 동작만 깔끔하고 부드럽게 하는 것이 매너이다. 불필요한 스킨십은 주의하고 삼가야 한다.

⑤ 무도장에서 파트너와 부킹이 되면 기본 4곡 지루박, 트로트, 지루박, 부루스를 추는 것이 기본 에티켓이다.

남성 지루박 6박자 발 공식

우리가 배우게 될 지루박 스타일은 삼각 스텝과 일자 스텝을 다 쓰는 스타일이고, 6박자에 6발자욱을 다 걷는다. 연습하고 익힐 때에는 음악에 맞춰서 걷기만 해도 재미있고 운동 효과도 크다. 일단 6박자에 6발 중 1.3.5.발만 몸으로 외워 습관을 들이면 된다.

- 1.2. 스텝은 왼발부터 스텝 → 하나 = 왼발
- 3.4. 스텝은 오른발부터 스텝 → 셋 = 오른발
- 5.6. 스텝은 오른발부터 스텝 → 다섯 = 오른발

나머지 짝수발 둘, 넷, 여섯은 붙히거나 걷거나 하면 된다.

이것만 외워지고 몸에 익혀지면 지루박의 모든 발이 아주 쉬워진다.

지루박 스텝 배우기

1. 삼각 스텝 (기본 베이직)

삼각 스텝의 필요성

삼각스텝은 지루박 입문 단계에서 6박자 패턴의 원칙을 몸에 쉽게 익혀 습관을 들이기 위해서 베이직 단계로 하는 훈련이다. 초등학생이 입학하면 깍두기 공책에 글씨 연습을 해야 나중에 필체를 바르게 잘 쓸 수 있듯이, 지루박 입문 단계에서는 삼각 스텝을 해야만 발의 기본 원칙 공식과 왼발, 오른발을 쉽게 외워서 훈련할 수 있다. 몸치 박치인 분들은 반드시 하루에 20~30분씩 음악에 맞춰서 삼각 스텝만 반복 훈련을 꾸준히 하면 몸치 박치를 해결할 수 있다. 그런 후 다음 단계로 삼각 스텝을 점점 줄이면 된다. 초등학생도 학년이 높아질수록 깍두기 노트에서 줄 노트로 바꿔서 사용하듯 나중에는 삼각 스텝 훈련이 잘되어서, 음악도 잘 맞추고 기술이 많아지면 써도 되고 안써도 된다. 그렇지만 입문 단계에서는 반드시 기본적인 훈련을 잘해두어야지만 지루박의 다양한 스텝을 잘 할 수 있다.

우리는 삼각 스텝의 장점과 일자 스텝의 장점을 섞어서 추는 스타일의 지루박을 배울 것이다. 삼각스텝의 스타일의 춤은 남녀 모두 세련되고 섬세한 춤이다. 초보 때는 남녀가 각자 다른 기본 스텝이지만, 남성은 삼각 스텝과 여성은 전후진 스텝만으로도 호흡을 맞추는 것이 재미있다.

기초 때는 6박자에 6발자욱을 걸을 것이다. 나중에 프로댄서가 되면, 음악에서 악보 박자처럼, 6박자를 2배 늘려 12비트로도 12발도 할 수 있고, 24비트로도 늘려 스텝을 만들어서 재즈처럼 출 수도 있다. 또 6박자를 2발~4발로도 줄여서 스텝을 할 수도 있다. 이 정도 수준으로 늘렸다 줄였다하는 것은 거의 전문 프로 댄서들이고, 우리는 초보답게 6박자에 6발을 익히는 것이 바람직하다. 일단 기본 베이직인 삼각스텝이 잘 되면 춤이 쉬워진다. 그리고 초보 때는 베이직을 많이 훈련하는 것이 기본기가 튼튼해지는 지름길이다. 스텝은 보통 걸음처럼 한발 한발 땅을 밟으며 걷는데, 지루박 춤은 바닥을 빗자루로 쓸 듯이 부드럽게 브러시해주며 걷는다. 발이 바닥에서 떠있는 모습이 보이지 않도록 스텝을 한다.

삼각 스텝 구간 설명

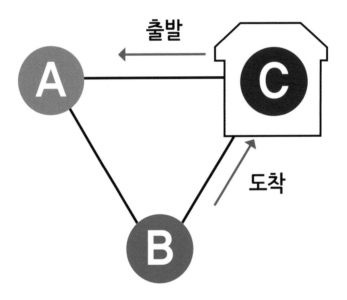

C 구간에는 항상 집을 그려 놓을 것이다. 이유는 마지막 도착 지점이고 시작을 하는 출발하는 지점이기 때문이다. 주차장이나 집 같은 개념으로 이해해도 좋다.

A 구간	B 구간	C 구간
왼쪽으로 이동	대각선 후진	대각선 전진

카운터 박자 연습

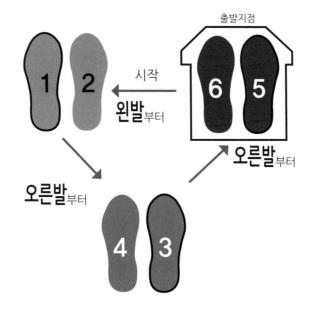

숫자를 정확히 소리내면서 구령을 하며 스텝을 외운다.

1.2. 스텝	3.4. 스텝	5.6. 스텝
하나 – **왼발**을 왼쪽으로	셋 – **오른발** 대각선 뒤로	다섯 – **오른발** 대각선 앞으로
둘 – 따라가 붙인다.	넷 – 따라가 붙인다.	여섯 – 따라가 붙인다.

* 하나 – 왼발, 셋 – 오른발, 다섯 – 오른발

위의 표와 같이 모든 지루박의 6박자의 발은 이 공식으로 이루어져 있다.

가이드 라인 만들어 연습하기

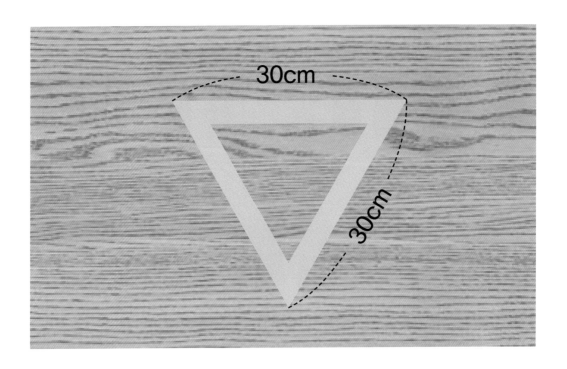

삼각스텝 모양을 색 테이프로 가이드라인을 만든다. 초보 때는 꼭 가이드라인을 만들고 연습하는 것이 정확한 모양을 익힐 수 있어 중요하다.

처음 하루 이틀 정도는 꼭 가이드라인을 만들어서 연습하다가 3일 정도 지나면 가이드라인 없이 연습해도 그 모양이 나와야 된다. 가이드라인을 계속 붙여 놓는 것은 바람직하지 않다. 초등학생이 학교 처음 입학해서 깍두기 노트에 글씨 연습하다가 나중에는 줄노트나 줄 없는 노트를 쓰듯이, 처음 2~3일에 가이드라인으로 발폭이나 모양을 익히다가 다 외워지면 가이드라인을 없애고 연습해야 몸에 익혀진다. 보고 하는 것은 오랫동안 연습해도 없으면 또 헷갈리게 되고 불안해지기 때문에 2~3일만 연습하고 가이드라인 없이 연습하는 것이 좋고 가이드라인 없이도 스텝이 커지지 않게 연습하고 중급

부터는 스텝이 점점 작아지는 것이 좋다.

처음 배우는 분들은 여러 가지를 같이 배워야 춤을 잘 출 수 있는지 알고, 스텝이 몸에 완전히 익혀 지지 않았는데 자꾸 새로운 것을 빨리 많이 배우려고 한다. 그건 그때 자기만족일 뿐이지 몸은 단순한 동작도 오래도록 기억할 수 있게 잘 익혀지지 않는다. 완전하게 몸이 기억 못하는 춤은, 시간이 지나면 다 없어지고 쓸모없는 동작들만 남는다.

그리고 가이드라인 없이도 음악에 맞춰서 연습할 때, 틀리지 않고 잘 연결이 되서 박자를 맞출 수 있을 때까지는 한 가지만 연습하는 것이 좋다. 한 가지 외운 것이 몇 달이 지나도 몸이 기억하고 생각이 날 정도로 연습해야 한다. 그래야 평생 잊어버리지 않고, 다시 배우는 일 없이 춤을 출 수가 있다.

춤을 즐겁게 여유있게 추고 싶다면 삼각스텝을 한달 정도를 음악에 맞춰서 매일 10분 이상씩 운동하듯이 연습하는 것을 추천한다. 그러면 지루박 모든 스텝들이 여유로와지고 폼이 멋있어진다.

2. 좌비켜 스텝

좌비켜 스텝은 마주보고 있던 여성과 자리를 바꾸는 스텝인데, 좌측으로 비켰다가 반대 편에 가서 여성과 다시 마주보는 스텝이다. 스텝 모양은 주로 2박자씩 양발을 붙이면서 걷는 스텝이고, 5번째 스텝만 몸을 회전해서 여성을 보고 6번째 발을 붙이면 된다. 이때 발바닥이 비벼지는 형태를 피벗턴 스텝이라고 한다. 피벗턴 회전 붙이는 스텝은 반드시 미끄러운 바닥과 댄스 신발이나 덧버선을 이용해야 쉽고 멋있는 모양을 만들 수 있고, 관절에 무리가 생기지 않는다.

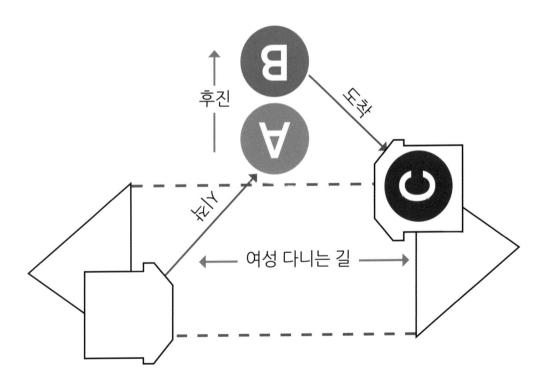

2박자씩 구간 설명

좌비켜 스텝은 마주 보고 있던 여성과 자리를 좌 방향으로 비키다가 바꾸는 동작이다. 약방의 감초처럼 지루박에서 가장 많이 쓰이는 동작이다. 자리를 바꾸는 과정에서 여성은 항상 일자 형태로 회전하면서 왔다 갔다 하기 때문에, 남성이 좌측으로 비켰다가 여성이 있던 자리로 가면 된다.

A 구간	B 구간	C 구간
좌측 90도 방향으로 비키는 스텝	한보 후진, 스텝	피벗턴을 해서 여성이 있던 자리에 삼각형 집에 도착

* C구간을 삼각형에서 집이나 주차장으로 항상 출발하고 다시 들어가는 구간으로 이해하면 좋다.

카운터 박자 그림

좌비켜 스텝은 마주 보고 있던 여성과 자리를 바꾸는 동작이다. 약방의 감초처럼 지루박에서 가장 많이 쓰이는 동작이다. 자리를 바꾸는 과정에서 여성은 항상 일자 형태로 회전하면서 왔다 갔다 하기 때문에, 남성이 좌측으로 비켰다가 여성이 있던 자리로 가면 된다.

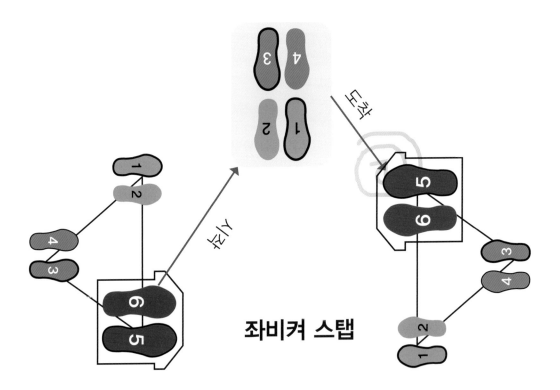

좌비켜 스탭

● **지루박 6박자 발 공식**

지루박 6박자 발 공식을 외워두면 오른발 왼발이 헷갈리지 않고 쉽게 익힐
수 있다.고개를 숙이는 버릇도 안생긴다.

> **하나**는   무조건 왼발 부터
>
> **셋**은   무조건 오른발 부터
>
> **다섯**은   무조건 오른발 부터

＊피벗턴이란 한발로 중심을 잡고 몸통과 어깨를 회전시켜서 제자리에서 회
전하는 것을 말한다.

1.3.5.발만 외우면, 나머지 발들은 붙이거나 걸으면 된다.

1.2. 스텝	3.4. 스텝	5.6. 스텝
하나 – **왼발**부터 좌측으로 **90**도 회전해서 걷고	셋 – **오른발** 후진 ＊후진은 살짝만 한다.	다섯 – **오른발**을 크로스발로 섰다가 피벗턴을 한다.
둘 – 양 발을 모아서 붙이고	넷 – 양 발을 모아서 붙이고	여섯 – 양 발을 모아서 붙이고

다섯 째 발 스텝이 어렵고 까다로울 수 있는데, 이유는 여성과 마주보는 거
리 유지를 적절하게 잘 조절해야 하고, 편하게 여성이 지나가는 것을 기다
리다가 5.6.발을 하다 보면 박자를 놓칠 수가 있어서 오른발을 가위 모양으
로 꼬아 만들어 여성이 있던 자리에 섰다가, 오른발로 피벗턴을 오른쪽으로
135도 회전해서 도착하면 된다. 불편하더라도 익숙해 질때까지 5.스텝을 ×
자 형태로 다리를 크로스 한다.

가이드 라인 테이프 사진

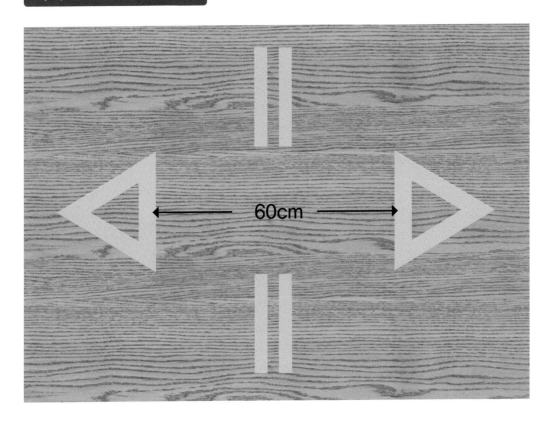

여성과의 거리는 60cm 정도의 거리가 적당하다. 삼각스텝은 기본 30cm 정도로 정삼각형으로 붙인다.

① 중간 30cm 정도 지점에 좌측으로 비켜 붙이는 스텝
② 다음 후진스텝은 발 한보 정도 후진으로 붙이는 스텝
③ 반대편에 정삼각형을 붙이는 스텝을 한다.

처음에는 한쪽 방향으로 1시간 이상 연습하는 것이 좋다. 완전히 한쪽 방향을 익힌 다음에 양쪽 방향을 연습하는 게 기초를 탄탄하게 외울 수 있다.

3. 우비켜 스텝

여성 중심으로 지구와 태양처럼 남자가 여성 주변을 태양처럼 돌면서 자리를 바꾸면 된다.

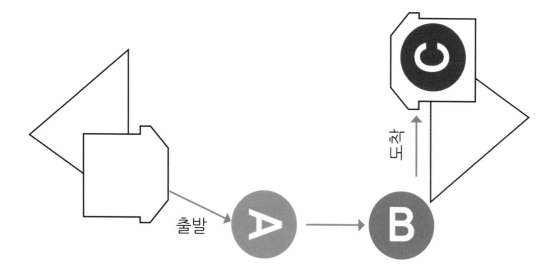

● 구간 설명

우비켜 스텝은 말그대로 우측으로 비켰다가 여성이 지나가게 하면서 자리를 바꾸는 동작이다.

A 구간	B 구간	C 구간
몸통은 회전 없이 발만 왼쪽으로 뺀다.	90도 회전하며 걷고	90도 회전해서 집에 도착

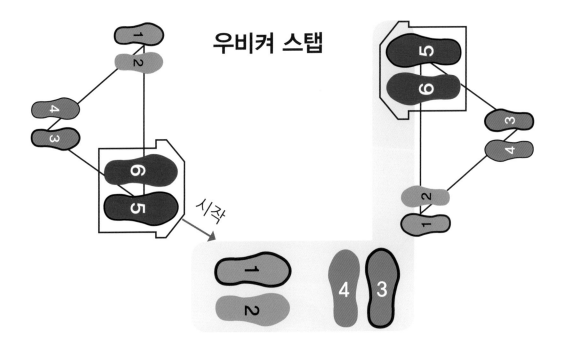

우비켜 스탭

1.2. 스텝	3.4. 스텝	5.6. 스텝
하나 – 왼쪽 다리가 크로스 ×자 모양으로 우측으로 비켜선다.	셋 – 오른발이 90도 회전해서 걷는다.	다섯 – 오른발이 90도 회전해서 집에 도착한다
둘 – 붙인 양발을 모아서 붙인다.	넷 – 발을 모아서 붙인다.	다섯 – 발을 모아서 붙인다.

가이드 라인

항상 삼각 스텝을 먼저 한 번 하고, 우비켜 스텝을 하고, 다시 또 반대편에서 삼각 스텝을하고 우비켜스텝을 반복하면서 연습한다. 베이직 삼각스텝을 연결하면서 연습하는 것이 실전에서처럼 연습할 수 있다.

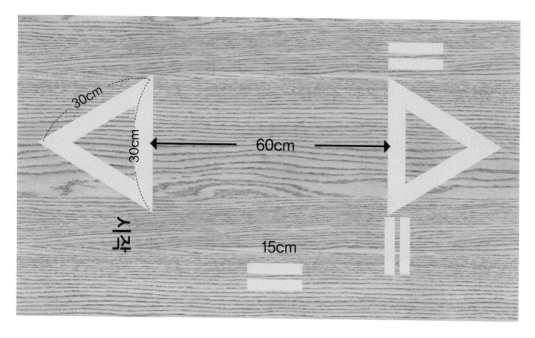

테이프로 가이드라인을 만들 때 여성의 길은 피해서 90도씩 크게 붙여 놓고, 스텝을 원을 크게 걸으면서 연습한다. 다른 스텝들은 점점 작게 걸어야 멋있지만, 우비켜 스텝만큼은 폼을 잡으면서 크게 걸어야지 멋있다.

4. 남성 제자리 돌기 스텝

남성의 회전 동작은 여성만 정신없이 회전시키는 것보다 남성이 회전했을 때 훨씬 멋있고 재밌다. 남성 제자리 돌기는 초급뿐 아니라 중급 고급 수준에서도 화려하고 멋진 응용동작이 많기 때문에 연습할 때 어지럽고 어렵더라도 확실하게 연습한다.

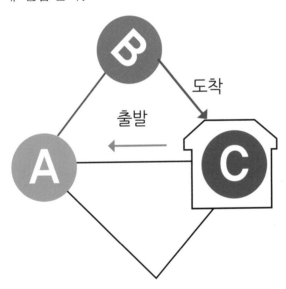

남성이 제자리에서 도는 동작이다. 여성이 바로 앞에 서있기 때문에 조금만 대각선 앞으로 나갔다가 원래 자리 집으로 찾아 들어온다.

주의
사항

B.구간 위치를 정확히 알고 삼각형 모양을 만들어 대각선 스텝을 하고 C 구간 위치에서만 피벗턴으로 회전을 해야 한다.

A 구간	B 구간	C 구간
집에서 왼쪽으로 이동	한보 앞 대각선으로 나감	피벗턴을 하면서 집에 도착

처음에는 땅을 보고 고개를 숙이면서 외우는 동작을 해서 어지럽고 멀미가 나기도 한다. 형태를 빨리 숙지해서 고개와 턱을 살짝 들어 주고 제자리 돌기 스텝을 한다. 연습은 실전처럼 해야 한다. 삼각 베이지 스텝 6박자를 한 두 번 하고, 제자리 돌기 스텝 6박자를 한 번 하고, 또 삼각 베이지 스텝과 제자리돌기 스텝을 번갈아 가면서 반복해서 연습한다. 회전량을 잘 조절하고 자세가 좋아야, 어지럽지 않고 멋있게 회전할 수 있다.

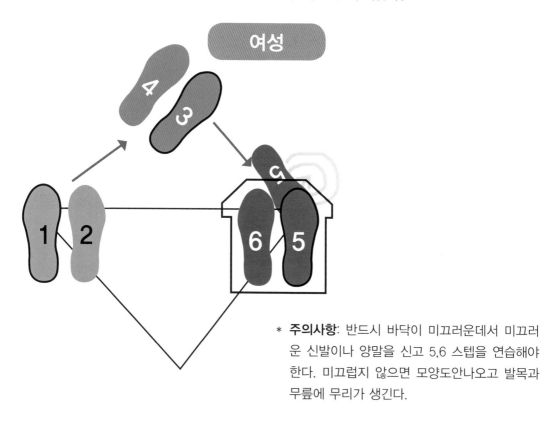

* **주의사항**: 반드시 바닥이 미끄러운데서 미끄러운 신발이나 양말을 신고 5,6 스텝을 연습해야 한다. 미끄럽지 않으면 모양도안나오고 발목과 무릎에 무리가 생긴다.

1.2. 스텝	3.4. 스텝	5.6. 스텝	(2)1.2. 스텝
왼쪽으로 왼발부터 오른발을 붙이고	몸통과 오른발이 같이 **45**도 정도 대각선으로 여성 앞에 선다.	출발했던 집 위치 방향으로 몸과 오른발, 놓고 피벗턴을 해서 앞의 여성을 본다	어지럽더라도 쉬지 말고 바로 연결을 해서 삼각 스텝을 이어서 하면 된다.

처음에는 발 위주로 외우기 때문에 회전이 중심 잡기가 어렵다. 지루박에서 모든 회전은 몸을 중심으로 회전하게 되고 발은 몸을 지탱해주면서 비비면서 회전을 하는 것이다. 피벗턴이란 몸통과 어깨를 회전시키는 거고, 발은 비벼 주는 역할만 하는 거다.

회전량 계산

360도 회전하는 회전량을 스텝마다 살펴보면

1.2. 스텝 다음줄은 똑 같이 왼발부터 왼쪽으로 걸어서 회전량이 없다.

3.4. 스텝은 여성 앞에 서기 때문에 **45**도로 대각선으로 살짝 앞으로 나온다.

5.6. 스텝으로 회전량이 많다. 5.오른발로 중심을 잡고 머리를 똑바로 세우고 어깨와 몸통을 이용해서 **270**도 피벗턴 회전을 하는데 약간 모자르게 회전하면 중심 잡기가 편하다. 그 상태에서 집에 도착하고 **6.**왼발을 붙인다.

● 중심잡기 요령

자동자 브레이크 밟을 때 한번에 다 밟지않고 서서히 부드럽게 밟아서 밀리는 것처럼 회전도 한 번에 휙 돌려고 하면 몸에 중심 잡기가 힘들다.

나머지 45도는 다시 1.2발로 출발할 때 여성을 정면으로 보게 되면 부드럽고 부드럽게 연결하면서 하게 된다.

이때 고개를 반드시 들고 오른쪽 어깨와 팔꿈치를 뒤로 치듯이 치면서 회전한다. 양쪽 구부린 팔꿈치는 수평 잡는데 도움이 많이 된다.

● 시선 처리

완벽하게 360도 다 돌고 나서 멈춰서 중심 잡는 것보다 피벗턴을 부드럽게 모자라게 돌아서 1.2.발까지 회전을 연결하는 게 몸에 흔들림을 감소시키면서 부드럽게 회전 할 수 있다.

남성 돌기 스텝도 삼각형 모양으로 돌아야 멋있고,　깔끔하게 집(집 자리)에 정확히 들어 갈수 있다. 시선 처리도 중요하다. 1.2.스텝 발은 당연히 정면이고, 3.4.스텝 발이 대각선일 때 몸통도 대각선이고 시선도 대각선 방향을 보고 5.6. 스텝 발에도 시선이 회전하고 나면 정면 (거울이나, 여성 파트너)을 본다.

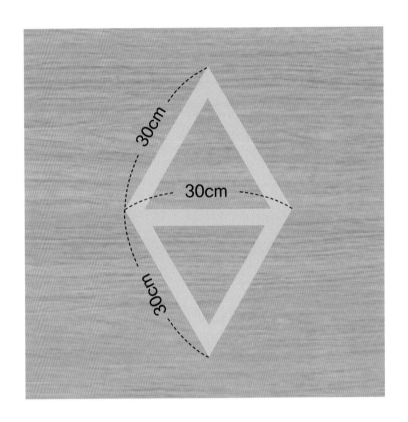

여성의 위치도 테이프로 표시해서 붙여 놓고, 여성위치 중심으로 정삼각형 라인을 만들어 붙이고 연습한다. 삼각스텝의 같은 사이즈로 30cm 정도 길이로 정삼각형 모양이 적당하다.

반드시 고개와 턱을 들고 시선은 정면을 보고 바른 자세로 연습해야 어지럽지 않고 멋있다.

음악 연습하기

음악연습을 훈련하는 방법을 알아본 후, 삼각스텝과 좌비켜 스텝, 우비켜 스텝, 제자리 돌기 음악 연습하는 방법을 배워봅니다.

1 음악연습 훈련 방법

춤이 다른 운동보다 신나고 즐거운 이유는 음악이 있어서이다. 혼자서 음악에 맞춰서 스텝연습만 해도 힘든 줄 모르고 시간이 빨리 가는 것을 느끼게 된다.

앞에서 기초 스텝 4가지를 배웠다. 발부터 배우는 이유는 뇌에서 가장 먼 발이 운동신경이 가장 둔하기 때문이다. 음악에 맞춰 감각적으로 스텝을 하려면 가장 많이 오랫동안 연습해야 한다. 처음에 우선적으로 스텝을 익히는 연습을 하지 않고, 손동작과 같이 익히게 되면 손동작은 빨리 익혀지는데 발은 잘 되지 않다보면 스텝이 꼬이고 박자가 맞지 않아 춤이 어려워지거나, 발은 움직이지 못하고 손으로만 리드하는 춤이 된다. 사실 이런 춤은 남성도 재미가 없고 여성한데도 인기가 없다. 남성의 스텝 발은 여성의 리듬까지도 책임져야 하는 중요한 역할이기 때문에 아주 튼튼하게 기본기를 만들어야 한다.

그래서 이번 단계에서는 발스텝만 음악 감각을 먼저 익히고, 다음 단계에서 손을 익히고 음악 연습을 할 것이다.

1. 음악 속도 템포

초보자가 일반적인 지루박 음악을 들으면 엄청 빠르다.

음악 연습을 초보자가 처음부터 일반 지루박 빠른 템포의 음악으로 하면 모양이 망가질 수 있다. 본인이 좋아하는 뽕짝(대중가요) 느린 음악으로 천천히 하다가 좀 익숙하게 외워지면 무도장 음악에 맞춰 음악훈련을 하는 것이 좋다.

초등학교 막 입학한 1학년이 5, 6학년 학생들에 글씨속도를 따라한다고 하면 글씨는 엄망 진창 지렁이 글씨가 될 것이다.

2. 바른 자세

음악연습을 할 때 보면 음악에 취해서 고개는 땅을 보고 무릎은 리듬을 타느라고 계속 굽신거리면서 온몸이 흔들리면서 연습하는 경우가 많다. 음악에 너무 취하지 않고 정확한 박자로 바른 자세로 추는 것을 연습한다.

3. 시선

음악 연습훈련은 스텝을 완전히 외웠을 때 한다. 고개를 들고 카운터하며 시선이 정면을 보면서 걸을 수 있어야 스텝 연습이 완전히 훈련이 된 것이다. 아직도 습관적으로 땅을 보고 스텝을 한다면, 아직 스텝을 못 외웠거나 나쁜 습관이 되어 버린 것이다. 그럼 반드시 자세와 고개 시선 습관을 바로 잡아주고, 음악 연습해야 한다.

지루박의 음악은 4/4박자 대중가요를 6/4 박자로 카운트하면서 춤을 추면 된다. 음악이 이해가 잘 안갈 수 있는데 4박자 음악에 + "다섯"+ "여섯"을 더해서 카운트하면 되고, 시작은 아무 때나 쿵에만 시작하면 된다. 음악을 들을 때 "쿵짝", "쿵짝"을 귀로 둘을 줄 아는 사람과 모르는 사람이 50대 50 정도이다.

듣지 못하는 분들은 일단 박수를 치면서 리듬감각을 연습하는 게 좋다. 초보 분들이 "쿵짝"중에 귀로는 "쿵"이 잘안 들리는게 정상이다. "쿵"의 저음 주파수는 낮아서 귀로는 30% 들리고 몸이 70%를 느끼게 되어 있는 저음 주파수의 소리이다.

"쿵"보다는 "짝"이 잘들리게 된다. "짝"은 귀에 잘 들리는 중음 주파수라 초보 분들도 잘 들린다. "짝"을 자꾸 많이 듣다 보면 귀가 열려서 "쿵" 소리도

들리게 될 것이다. 음악을 많이 들어서 "쿵", "짝"을 듣는 노력을 하다보면 귀가 열리고 몸이 반응하는 감각이 생긴다.

리듬 감각 훈련 방법

우리나라 사람은 대부분 4/4박자 노래에서 1번째 박자하고 3번째 박자에서 박수를 친다.

1. 2. 3. 4.

음악 감각 연습은 일단은 귀부터 듣는 연습으로 노래에 맞춰서 박수를 쳐본다.

쿵 짝 쿵 짝

노래의 박자에 맞춰 숫자를 6박자 소리 내어 세어본다.

하나. 두울.　　세엣. 네엣.　　다섯. 여섯.
쿵. 짝.　　쿵. 짝.　　쿵. 짝.

이 카운터에서 쿵에만 박수를 치며 연습한다.

1. 좋아하는 노래나 음악에 맞춰, 박수 연습을 해서 박자를 잘 맞추면서, 스텝 연습을 한다.
2. 스텝 음악 연습은 박수 치는 타이밍에, '쿵'에 시작을 하고 박수 안치는 '짝'일 때 붙이면 된다. 일반 대중음악이면 다 가능하다. 좋아하는 대중가요, 트로트, 디스코 음악으로 연습한다(남행열차. 아파트. 여행을 떠나요 등등).

혹시 노래에 박수 연습이 잘 안되면 주변 다른 사람들한테 도움을 받아서 음악 연습 박수 훈련을 충분히 하면 된다.

음악이라는 것은 시계바늘처럼 정확하다. 템포가 느리거나 빠르거나 멈췄다가는 일은 없다. 지루박 스텝도 음악에 맞춰서 끝날 때까지 빠르거나 느리지 않고 멈췄다 가는 일 없이 연습해야 한다. 물론 틀렸을 경우는 멈췄다가 음악에 맞혀 다시 시작해도 되지만, 틀린 것도 아닌데 습관적으로 멈췄다가 시작하는 습관은 안 된다. 혼자 추는 춤이야 마음대로 춰도 되지만 사교 댄스는 파트너와 추는 춤이기 때문에 음악이라는 원칙에 맞게 리듬을 타야 한다.

1. 음악 연습은 하루에 한 가지씩 모양을 지키면서 무한 반복 연습하는 게 효과적이다. 그래야 자세도 바르게 습관을 들일 수 있다. 음악에 맞춰서 이것저것 한꺼번에 섞어서 하다 보면 모양도 뒤죽박죽 엉망이 되고, 머리가 복잡하면 음악이 어렵게 느껴져 당황스러울 수 있다. 음악연습은 단순한 반복연습이 몸에 감각 익히기에 좋다.

2. 음악을 맞추다 보면 마음이 급해서 스텝을 뛰듯이 걷는 경우가 많다. 사교 춤 스텝은 발바닥 전체가 땅바닥을 쓸 듯이 무릎을 펴고 뒤꿈치까지 도장 찍듯이 걸어야 한다. 땅바닥에서 발바닥이 걸어다니 듯 떠 있는 모습이 보여지면 춤의 멋이 떨어진다. 또 가볍게 걷는다고 앞꿈치로만 걷는 경우가 많은데 반드시 뒷꿈치까지 도장을 찍듯이 발바닥 전체로 걷는다.

② 삼각스텝 음악 연습

2주 정도는 매일 음악에 맞춰서 10분 이상씩 삼각 스텝 기초를 잘 연습을 한다. 어떤 춤이든 처음에 입문할 때는 베이직이라는 기초 동작부터 배운다. 기초 때는 베이직스텝이 잘 되어야 다른 스텝도 잘 되기 때문에 중요하지만, 어느 정도 중급 이상의 수준이 되면 베이직은 안 해도 상관없다. 중급 이상의 수준이 되면 6박자를 줄여서 스텝을 해도 무관하다. 기초 때 6박자을 구구단처럼 튼튼히 익혀 두면 자유자재로 스텝을 늘였다 줄였다 할 수 있기 때문이다. 음악에 비유하면 4박자에 있는 콩나물 음표가, 0개부터~4개, 8개, 2개 등 얼마든지 고수가 되면 만들 수 있다. 초보자들이 입문 단계에서 삼각스텝을 잘 익혀 두셔야 되는 이유는 6박자 패턴의 기본 공식이 되는 스텝이고, 발의 순서가 되기 때문이다. 그래야 음악 연습을 할 때 발을 쳐다 보지 않고 습관처럼 발이 움직여진다.

음악 연습 중 어려운 이유 하나가 머릿속에 생각이 많고 복잡하면 음악이 잘 안 맞는다. 또 어려운 스텝을 빠르게 연습하면 스텝 모양도 변형되고 망가지기 쉽다. 그래서 스텝은 쉬운 것에서부터, 느린 템포 음악으로 시작하다가 서서히 단계를 올리는 것이 좋다. 매일 삼각스텝을 노래 4곡 이상 먼저 연습하고, 잘될 때 다음 단계로 넘어가는 것이 좋다. 차근차근 쉬운 것부터 하나씩 몸에 익히는 것이 지루박을 잘 출 수 있는 성공하는 지름길이다.

쉽게 생각하고 이 책을 빨리 읽었다고 춤이 되지는 않는다. 반드시 단순 박복된 훈련을 꾸준히 해야한다.

이때 한 가지 주의 사항은 음악에 너무 취해 기분에 취해 몸을 흔들고, 무릎으로 리듬을 타는 경우가 많다. 거울을 이용해서 자세를 체크하면서 하고,

요즘은 핸드폰으로 본인에 연습동작을 모니터링하는게 바른 자세를 익히는 데 좋고, 자세에 문제점을 스스로 파악 할수 있다. 기분에 취해서 추는 춤은 나이트클럽이나 혼자 추는 춤은 괜찮다. 하지만 사교춤은 파트너와 호흡을 맞추는 춤이기 때문에 바른 자세는 기본적으로 유지해야 한다.

머리가 흔들리거나. 무릎으로 리듬을 타면 보기도 안좋고 무릎 관절에도 무리가 된다. 음악을 맞추더라도 머리에 물컵이나 책을 얹어 났다 생각하고, 흔들림 없이 리듬을 타야 된다. 수건을 접어서 머리에 올려놓고 실제로 연습해도 좋은 방법이다.

기본베이직인 삼각스텝의 중요성

구구단처럼 한번 잘 외워 놓은 공식은 수학의 기초가 되듯이, 6박자의 삼각 패턴은 초보 때 잘 들여 놓은 기초 습관은 앞으로 춤의 스타일을 결정하기 때문에 하루에 한 가지씩 새로운 스텝 진도를 외우더라도, 삼각 베이직은 2주 이상 매일 매일 꾸준히 연습을 해서 몸에 완전히 습관이 되게 한다. 앞으로 배우게 될 스텝들은 왼발 오른발 고민하지 말고, 삼각스텝의 발 순서대로 적용하여 왼발 오른발이 습관처럼 움직이면서 음악 연습을 하면 된다.

그럼 모든 스텝들이 쉬워지고 잘 된다.

그렇지만 다시 고급 프로 단계가 되면, 베이직 삼각스텝에서 얼마나 고급 기술과 예술성 있는 춤을 창조할 수 있는지 중요성을 알게 된다. 우리는 지금 당연히 초급 단계이기 때문에 베이직 스텝인 삼각 스텝을 제일 많이 연습한다. 모든 스텝은 삼각 스텝으로 시작해서 한 개의 기술스텝이 끝나면 다시 삼각 스텝으로 이어서 음악을 맞춘다. 일단은 삼각 스텝 한 가지로 단순하게 음악 감각을 익히는 게 좋다.

❸ 좌비켜스텝 음악 연습

좌비켜스텝도 아주 중요한 스텝이라서 스텝 형태 망가지지 않게 2주 정도 10분 이상씩 꾸준히 연습한다. 초보 때는 한글처럼 평생 잊어버리지 않게 정확하고 예쁘고 탄탄하게 연습하는 것이 중요하다. 욕심을 부려 빨리 여러 가지 외워 봤자 몸이 따라 주지도 않고, 금방 잊어버리게 된다.

지루박 스텝 중에 제일 많이 쓰이는 스텝이 좌비켜 스텝이다. 다양한 기술에 '좌비켜 스텝'이 세트로 조합을 이루는 경우가 많아, 약방의 감초라고 생각하면 된다. 그래서 음악 연습을 할 때 급하다고 발을 안 붙이거나 모양이 변형이 되거나, 각도가 정확히 맞지 않으면 앞으로 배우게 될 많은 기술스텝들이 점점 힘들어진다. 그만큼 중요한 스텝이니 몸에 정확한 스텝 각도를 익히도록 느린 음악으로 정확한 자세가 몸에 익히도록 집중해서 연습을 한다.

좌비켜스텝 연습 방법

삼각스텝 1~2번 + 좌비켜 스텝

① 좌비켜 음악연습도 먼저 삼각 스텝을 한두 번하고, 좌비켜 스텝을 한 번하고, 이어서 반대편에서 삼각 스텝과 좌비켜스텝을 반복하면서 익힌다. 눈을 감고도 스텝과 각도가 나와줘야 발이 훈련되 된 것이고 다음단계로 리드 동작을 배워도 잘된다.

② 좌비켜 스텝도 매일 노래 4곡 이상 연습한다. 이때도 머리에 수건 같은

걸 얹어 놓고 흔들리지 않게 연습하는 것이 혼자서 연습할 때 가장 정확히 연습할 수 있다. 학원에서는 수건을 올리지 않아도 선생님이 좋은 자세를 잡아 주지만 혼자서 연습할 때는 머리에 접은 수건 올리고 걷는 게 가장 좋은 방법이다. 정확한 자세로 자연스럽게 음악에 맞아 스텝이 되면 다음 스텝으로 넘어 간다.

③ 만일 원활하게 스텝이 안 될 때에는 음악 없이 천천히 카운터 구령을 하면서 집중해서 하루 이틀 정도 충분히 연습한다. 혹시 금방 잘 안되더라도 꾸준히 연습하면 몸이 익숙해지면서 속도가 빨라지게 된다. 개인마다 운동신경과 음악 감각이 차이가 있지만 매일매일 꾸준히 연습하면 성공할 수 있다. 삼각스텝과 좌비켜 스텝은 지루박의 핵심 기본스텝이기 때문에 가장많이 연습하고 충분히 되면 다음 단계인 우비켜 스텝으로 넘어가야 다음 단계부터 쉬워진다. 대충하고 넘어가버리면 점점음악 맞추기가 어려져서 힘들게 된다.

❹ 우비켜 스텝 음악 연습

우비켜 스텝은 폼 잡는 스텝이다. 하루 10분씩 일주일 정도 훈련을 하면 좋다. 삼각 스텝+우비켜 스텝을 병행하면서 연습한다. 우비켜 음악 연습도 삼각 스텝과 번갈아 가면서 음악을 맞춰 본다.

① 삼각 스텝으로 몇 번 리듬을 타다가 우비켜 스텝을 하고 바로 이어서 삼각 스텝을 하면서 반복한다. 처음에는 음악 없이 숫자를 구령하면서 스텝을 해보고 잘되면 느린 음악에 맞혀 연습한다.

② 우비켜 스텝이 잘되면 좌비켜 스텝도 번갈아 가면서 해본다. 점점 이런

식으로 스텝들을 썪어가면서 연습한다. 순서라는 것은 어차피 리드하는 남자가 결정하는 것이기 때문에 남자는 항상 무엇을 할 것인지 결정하고 리드하는 훈련이 되어 있어야 한다.

③ 여기까지 음악을 맞춰서 스텝을 섞어서 할 수 있으면 지루박 기초 스텝은 합격이다. 단 자세가 나쁘면 감점이다. 이번에도 수건을 머리에 얹어서 떨어지지 않아야 합격이다.

눈을 감고 청각과 몸을 훈련하는 것도 몇 배의 감각을 훈련하는데 효과가 있다. 고개를 반듯이 들지 못하고 계속 땅을 보는 분들은 눈을 감고 연습하면 잘 고쳐진다. 나쁜 자세로 연습하는지 잘 체크하고 꼭 자세까지 완벽할 때 다음 진도를 나가는게 좋다.

초보 때에 나쁜 자세는 평생 고치기 힘들 수도 있다.

5 제자리 돌기 음악 연습

제자리 돌기 스텝은 아주 멋있는 동작이다. 하루 10분씩 2주 정도 연습한다. 바로 앞에 여성이 있다고 생각하고 발 보폭 사이즈를 크지 않게 정삼각형의 형태의 스텝으로 연습한다.

제자리 돌기 연습은 음악 없이 연습할 때도 어지럽다. 꾸준히 매일매일 연습하면서 시간이 지나야 어지러움이 차츰 감소된다. 많이 어지러울 때는 삼각 스텝을 2~3번 충분히 하다가 돌기 스텝을 하면서 연습한다.

그리고 다섯 번째 발에서 회전량이 많아 속도를 못 맞히는 경우가 많다. 반드시 미끄러운 바닥에서 미끄러운 신발이나 버선을 신고 5.6.번 발이 빨리 회전하고 붙였다가 1.2.발로 이어서 삼각형을 해야 한다. 아무래도 회전량 때문에 리듬에 맞게 스텝하기가 어렵더라도 포기하지 말고 매일 꾸준히 하면 점점 좋아져 멋있게 성공할 수 있다. 여성만 회전시키는 지루박은 실력이 없어 보인다. 남성도 번갈아가면서 회전을 해야 여성분도 신이 나고 남성이 매력 있어 보인다. 여성만 회전시키는 춤은 매력이 떨어진다. 또 나중에 중급, 고급 기술 때 화려하고 멋진 회전 동작들은 지루박에 있어 남자의 꽃이라고 할 만큼 멋있다. 그러니 어지럽고 잘되지 않더라도 조금씩 꾸준히 연습해서 성공시켜야 한다.

6 종합 음악 연습

돌기 스텝도 어느 정도 성공하면 좌비켜 스텝과 우비켜 스텝을 순서 없이 섞어서 연습한다. 이때 자세는 당연히 지켜야 하고 또 중요한 것이 6박자를 꼭 지켜야 한다는 것이다. 박자는 파트너와의 약속이고 지루박의 원칙이기 때문에 반드시 지켜야 한다. 꼭 카운터 6박자를 구령하면서 연습한다. 그래야 손을 리드 훈련할 때 정확한 카운터에 리드동작을 익힐 수 있고, 파트너하고도 같이 연습할 때 호흡을 잘 맞출 수 있다. 지루박은 초보인데 발연습이 얼마나 잘 되어 있느냐에 따라 향후 실력이 결정된다. 지루박은 스텝이 음악감각을 담당하기 때문이다.

2장

남성리드(손)동작

스텝의 기본 자세를 익인 후 정면을 보면서 음악에 맞춰서 스텝을 밟을 수 있다
면, 이제 리드할 수 있는 리드손 동작을 배워봅니다.

1. 삼각 스텝 손동작
2. 좌비켜 손동작
3. 우비켜 손동작
4. 남성 제자리 돌기 손동작
5. 여성 제자리 돌리기 손동작

리드 손동작 잘하는 방법

1. 바른 자세와 손목의 유연함

여성을 리드하는 손동작을 배우기 앞서 꼭 명심할 것이 있다. 바로 척추 훈련이다.

척추 훈련이란 척추를 머리 정수리부터 목뼈와 척추를 지나서 꼬리뼈까지라고 생각하고 최대한 쭉 펴고, 연습을 할 때는 보이는 손발 연습뿐 아니라 척추 훈련도 함께 해야, 실전에서는 여성을 편안하고 힘이 있으면서 부드럽게 리드하는 힘은 바른 자세에서 나온다.

사람마다 말의 느낌이 각양각색으로 다르고 발에 따라 호감형이 될 수 있고 비호감형이 될 수 있다. 지루박에서도 손의 느낌이 대화할 때 말의 느낌처럼 상대방의 기분에 많은 영향을 준다. 단순하게 손 모양만 보고 리드를 하면 손에 힘이 많이 들어가고 손이 뻣뻣한 느낌을 여성에게 주게된다. 그럼 여성 입장에서는 춤을 편하게 즐길 수 없게 된다. 그래서 남성분들은 명심하셔야 할 것은 힘이 있으면서도 유연하고 부드러워야 된다는 것이다. 참 어려운 숙제지만 항상 강조하는 바른자세가 핵심이다. 그리고 팔꿈치까지 긴장감(텐션감)있게 자세를 유지하시고, 손목과 손은 여성 파트너를 어른이 아이손을 잡는 것처럼 부드럽게 조심스럽게 리드해야 한다. 그래야만 여성이 편안하고 느낌이 좋게 댄스를 즐길 수가 있다.

2. 텐션 연습 훈련

손과 발만 신경 쓰고 외우면 막상 실전에서 리드능력이 약하거나 아니면 거칠어 여성이 불편할 수 있어 억지로 추거나 추기 싫은 것을 참는 경우가 많다. 리드를 잘하느냐 못하느냐는 남성이 기준이 아니다. 여성이 어떤 느낌으로 춤의 리드를 받아들이는 가가 중요하다. 그래서 화려하고 멋있는 다양한 기술도 중요하지만, 처음 기초를 배우는 단계에서는 기술보다는 느낌이 좋은 기본기가 훨씬 중요하다.

남성이 바른 자세로 몸통에 에너지가 있어야 손발이 부드러워질 수 있고, 여성한데 힘이 있으면서 부드럽고 편안한 느낌을 줄 수 있어 여성이 기분 좋은 느낌을 주면서 즐거운 춤을 출 수가 있다. 사교춤 실전에서 꼭 명심하고 자세의 중요성을 알고 꼼꼼하게 체크하면서 손동작을 익히기 바란다. 남자답고 멋있는 리드 동작에서 제일 중요한 기본기는, 남성의 힘 있으면서 부드러운 리드 이기 때문에 배우기 위해서는 꼭 명심하고, 자세와 고개 시선처리를 꼭 체크하면서 연습한다.

3. 자세 연습 훈련

필자는 학원에서 회원님들을 가르칠 때 고개를 숙이고 거울을 안보고 연습하면 반드시 교정하고 진도를 나가고, 교정이 안 되면 진도를 못나간다고 설명을 하면 시간이 좀 걸리더라도 자세를 바로 잡고 다 고치고 진도를 나간다. 그래서 몇 개월 동안 연습하면 허리가 다들 튼튼해지고, 약하셨던 분들도 튼튼해지는 효과를 다 경험 하시는 분들이 많다. 바른 자세의 춤은 척추에 보약과 같다.

벽에 기대서 머리 허리, 엉덩이, 뒤꿈치를 붙이면서 자세훈련을 하는 방법도 있다.

집에서 책으로 배우시는 분들도 무조건 빨리 배우는 것보다, 고개와 시선을 바르게 펴고 연습하고 있는지 체크하면서 처음부터 습관을 잘 들이고 배우고 익히기 바란다. 배우시는 분들중에 자세는 나중에 훈련하면 된다고 착각하시는 분들이 있으신데, 한번 몸에 밴 습관을 나중에 고치는 것은 10배는 더 고생하고 노력해야 될만 큼 힘들어서 포기해서 불가능한경우도 많다.

그러면 열심히 시간과 돈을 투자해서 배운 보람도 없이 안타깝게도 춤에 자신감이 없거나 슬럼프에 빠지는 경우가 많다 그러니 무엇보다 자세 습관을 꼭 꼭 명심하고 거울이나 동영상를 찍어서 본인에 모습을 체크하시면서 습관을 잘 들이길 바란다.

4. 멋있는 리드훈련 – 시선과 다리 모양

그 다음 발모양과 시선 처리도 습관이 잘 훈련되어야지만 멋있고 인기 있는 춤을 리드할 수 있다. 발 모양이 붙여있는지, 무릎과 허리가 쭉 펴져 있는지 체크하고, 고개와 시선 처리가 정면을 보고 있는지 확인하고, 자세가 바르게 갖춰서 리드 손동작을 익히도록 한다. 춤도 요리에 비유할 수 있다. 보기 좋은 떡이 먹기도 좋다.

여성을 리드한다는 것은 자동차를 운전하는 것보다 훨씬 어렵고 복잡하다. 초보운전일 때부터 베스트 드라이버는 없다. 초보운전일 때는 차선 변경이나 깜박이 하나 키는 것도 당황하고 단순한 동작 하나 못해서 쩔쩔매고, 주차도 능숙하지 못해서 차에 흠집을 내고, 크고 작은 사고도 경험하게 되는 게 보통이다. 그러다가 시간이 지나고 많이 해봐야 익숙하고 능숙한 운전자가 될 수 있다.

춤도 초보일 때는 당연히 어렵고 두렵고 당황해서 진땀이 나고 크고 작은 시행착오도 겪으면서 자존심도 상하고 마음도 무너지고 슬럼프도 겪게 된다. 다만 기본기가 훈련이 잘 되어 있으면 초보단계를 금방 극복할 수 있고, 기본훈련이 잘 안 되어 있으면 어려워서 고생을 많이 하게 되고 슬럼프에 빠져서 포기하는 경우도 있다. 그중에 제일 훈련하기 어려운 것이 고개와 시선 처리이다. 리드를 잘하기 위해서는 여성의 얼굴과 머리 손을 잘 살펴봐야 하고 운전처럼 시야가 넓어야, 여성을 안전하게 리드하는 남성다운 춤을 출 수 있다. 당연한 애기겠지만 남성은 남자다우면서, 매너 있고 멋있는 춤을 춰야하고, 여성은 여성스럽고 아름답게 춤을 춰야 사교춤을 잘 추는 것이다

지루박 리드의 특징

지루박 춤의 원리와 특징을 잘 알고 리드 손동작을 익혀야, 여성을 정확히 리드할 수 있다.

1. 지루박 춤의 원리

6박자 지루박은 남성이 발 6박자 패턴과 리드하는 손 6박자 패턴이, 2박자씩 시간 차이가 있다는 것이다. 그래서 남성은 손과 발을 같은 패턴으로 훈련하면 안 된다. 이 특징을 잘 이해하고 리드 연습을 해야 한다. 남성은 카운트 "하나 두울"일 때 출발이고, 여성은 "세엣 네엣"일 때 출발이라고 이해하면 된다.

그래서 남성은 "다섯 여섯" 일 때 마무리가 되지만, 여성은 "하나 두울"일때 마무리가 된다.

① 발이 먼저 출발하고, 손은 두 박자 느리게 출발을 시키고,

② 발은 집에 들어오는 마무리 스텝 이지만, 손은 여성을 회전시키고,

③ 다시 발은 새로운 출발 스텝을 하지만 손은 여성을 마무리 시키는 동작을 하는 게 계속 반복이 된다.

그래서 남자의 지루박이 어렵다. 손과 발이 따로 움직여야 여성을 리드 할 수 있다.

2. 지루박 춤의 강약 (엑센트)

지루박 춤의 리듬에서, 여성을 리드할 때 4를 셀 때 부드러우면서도 강하게

악센트를 주면 여성이 회전하는 것이 편하고 예쁘게 회전할 수 있다. 그래서 "넷"을 셀 때 "네", "엣"하고 둘로 나누어서 "엣"에 악센트를 주면서 리드하면, 5,6,회전하는 스텝이 리드가 잘 된다라고 이해하시면 됩니다.

	1.2. 스텝	3.4. 스텝	5.6. 스텝	(2) 1.2. 스텝
남성	출발	신호를 줌	집에 들어 올 때 여성의 회전을 도와 손을 들어줘야 한다.	삼각 스텝을 할 때 손을 천천히 내려 주면 된다.
여성	발 모으고 도착	출발	회전	집 구간에서 피벗턴할 때가 있고 그냥 후진 스텝으로 모으고 서 있을 때가 있다.

3가지 리드 동작 (암 액션)

여성을 기준으로 6박자 중 2박자(쿵짝)씩 역할이 나누어져 있다.

① 집에 들여보내는 동작 – A구간(여성을 양쪽 끝에서 발을 모으고 있게 리드 신호가 없는 구간)

② 출발시키는 동작 – B구간(여성에게 리드 신호를 주는 구간)

③ 회전시키는 동작 – C구간(신호에 따른 회전을 도와주는 구간)

배우게 될 리드 동작은 구간마다 구분 동작으로 나누어서 정확한 암 액션– 팔 동작으로 배우게 된다. 리드 동작은 구분 동작으로 나눠서 배우면 어렵지는 않으나, 상대 여성 파트너가 부드럽고 편안하게 느끼려면 정성스럽게 안내하고 신호를 주는 연습훈련을 해야 한다. 이때 팔둑과 팔꿈치를 유연하게 함께 움직이면 리드가 유연해지고 부드러워진다. 그래서 가벼운 작은 생수 물병이나 작은 아령을(0.5㎏) 활용해서 팔동작을 힘 있게 천천히 익힌다.

이때 손동작은 물병을 꼭 쥐고 하는 것이 아니라, 손바닥 위에 병아리를 올려놓은 것처럼 물병을 손바닥 위에 올려놓고 연습훈련을 한다. 혼자 연습할 때는 꼭 손바닥이 하늘을 보게 하고, 나중에 파트너와 연습할 때는 손을 유연하게 뒤집으면서 리드하면 된다. 남성은 여성을 리드할 때 손으로만 리드하는 것처럼 생각하면 안 된다. 어깨서부터 팔꿈치 손을 잘 컨트롤해서 리드를 해야 파트너하고 춤을 잘 출 수 있게 된다. 팔꿈치에 위치나 움직임이 손동작보다 더 중요한 역할을 한다.

어깨 팔꿈치 손동작을 좀 까다롭고 조심스럽게 훈련을 해야 상대 여성 파트너가 느끼기에 부드럽고 편안함을 느낄 수 있고 본인 어깨에도 무리가 생기지 않고, 힘 조절도 잘되어 리드가 잘 된다. 남성의 사교춤이 어려운 것은 본인 손 발동작도 익숙해야 하고, 동시에 여성의 동작까지 리드해서 컨트롤 하는 것이 어렵다.

어깨와 팔 프레임 훈련법

그래서 팔뚝에 너무 근력이 없는 분들은 매일 10회씩 팔 굽혀 펴기나 모래 주머니를 팔뚝에다 차고 연습 훈련하기를 권장한다. 남성은 어느 정도는 팔 에 근력이 있어야 리드의 텐션감이 편안하고 부드럽게 잘 된다. 마치 거친 트럭이나 소형차와 부드럽고 편안한 중형차의 승차감 처럼 느낌이 다르다.

남성이 춤의 궁극적인 목적은 여성이 만족할 수 있는 춤을 추는 것이다. 그 래야 진정 사교춤의 매력을 알 수 있다. 여성이 불편해하고, 힘들어하고 제 미 없어하는 춤은 바람직한 리드가 아니다. 여성은 남성한데 리드하는 데로 춤추게 만들어진 시스템이 지루박 춤이다. 여성은 어느 정도 기본기만 있으 면 춤을 잘 추고 못 추는 것은 남성의 손에 달려 있다.

스텝에 맞는 리드 동작 익히기

1. 삼각 스텝 손동작

1. 삼각 기본 스텝 손동작과 여성기본 스텝

먼저 여성의 발을 이해해야 남성이 리드하기가 쉽다

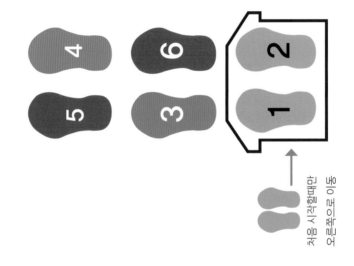

① 여성은 처음 시작할 때만 오른쪽으로 이동하면서 출발한다.

② 1, 2발은 모았다가 전후진 스텝을 한다.

③ 3, 4발은 전진이다.

④ 5, 6발은 후진이다.

이런 식으로 전후진만 계속 반복한다.

남녀 기본 (베이직 스텝)

리드 손동작을 배우기 전에 먼저 지루박 남녀 기본 준비 자세를 잡은 후에,
다음과 같이 발 스텝으로만 리듬감 있이 호흡을 맞춰 반복적으로 연습한다.

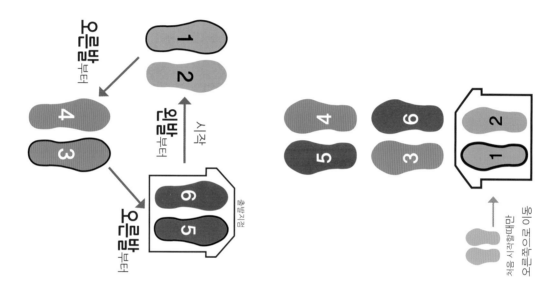

발동작 호흡 맞추기

❶ 1.2. 스텝 **맞추기**

남성은 빨강색 출발 지점에서 왼쪽 노랑색으로 이동하고, 여성은 녹색 지점
에서 오른쪽 노랑색으로 스텝을 하면서 이동한다.

❷ 3.4. 스텝 **맞추기**

남성은 노란색에서 오른발부터 대각선으로 후진을 해서 파랑색으로 모으는
스텝을 한다. 여성은 노란색에서 왼발부터 한발짝씩 걷는 전진 스텝을 한다.

❸ 5.6. 스텝 **맞추기**

남성은 파란색에서 빨강색으로 오른발부터 이동해서 붙이는 스텝을 한다. 여성은 왼발을 붙이고 오른 발을 후진하면서 걷는 스텝을 한다. 남녀가 기본 베이직 스텝이 완전 다르기 때문에, 호흡을 맞출 때에는 서로의 발을 보게 되면 헷갈린다. 각자의 구령을 소리내면서 카운터를 하며 호흡을 맞춘다. 고개를 반드시 들고, 일단 발동작부터 호흡을 맞추고 나서, 어느 정도 맞으면 손을 잡고 하는 것이 지루박을 쉽게 배울 수 있는 요령이다.

2. 삼각스텝 리드 손동작(처음 시작할 때)

❶ 하나, 두울 구간으로 출발

남성은 빨강색 5.6 구간에서 여성과 양손을 남성 기준으로 오른쪽에서 준비하고 있다가, 왼쪽으로 옮기면서, 노란색 구간 1, 2 구간으로 출발한다.

여성은 양손을 왼쪽으로 준비하고, 녹색 준비 구간에서 노랑색으로 오른발을 출발해서 모은다. 여성은 처음 한번만 오른발부터 이동하고, 다음부터는 무조건 왼발이다.

❷ 세엣, 네엣 구간으로 이동

남성은 양손을 중앙에다 유지하면서 3, 4 스텝구간으로 대각선 후진을 해서 발을 모은다. 여성도 양손을 중앙에다 유지하면서, 왼발부터 전진 스텝을 한다. 특별한 리드 동작은 없이 중앙에서 양손을 위치한다.

❸ 다섯, 여섯 구간으로 이동

남성은 빨강색 5.6. 구간도 중앙에다 양손을 유지하면서 대각선 전진 스텝으로 이동한다. 여성도 양손을 중앙에다 유지하면서, 왼발부터 후진 스텝을 한다. 이렇게 끊어지지 않게 삼각 스텝을 계속 반복 한다.

❹ 한손으로 손 바꾸기

몇 번 반복해서 호흡이 잘 맞으면 한손으로 바꾸는 동작을 한다. 노랑색 구간에 남성이 오른손으로 여성의 오른손으로 바꾼다. 항상 손을 바꾸는 구간은 노란색으로 이동하는 왼발일 때 실행하면 된다.

2. 좌비켜 스텝 손동작

남성이 여성을 잘 리드하기 위해서는 여성의 스텝을 이해하고, 팔 동작을 정확히 익히는게 좋다. 여성의 지루박 6박자는 3구간으로 동작이 구분되어 있다.

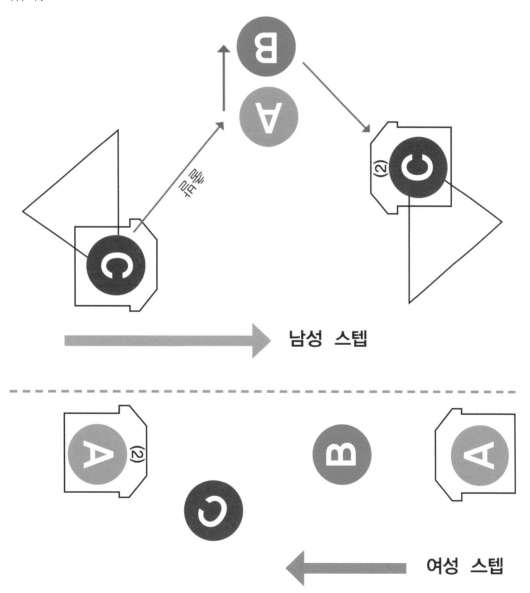

여성의 스텝을 다음과 같이 알아보자.

- A 구간 : 남자와 마주보고 있는 구간. 항상 들어갔다가 나오는 집이나 주차장으로 이해하면 쉽다.
- B 구간 : 남성의 리드 신호를 받으며 여성이 출발을 하게 된다.
- C 구간 : 리드 신호에 따라 180도 회전하는 구간이다.

좌비켜 스텝도 발부터 여성 파트너와 6박자 카운터를 구령을 하면서 발부터 호흡을 맞춘다. 이어서 반대편에서 삼각 스텝을 하다가 남성이 좌비켜를 하게 되면 반대로.A−B−C 구간 순으로 반복하면서 삼각스텝을 이어가면서 연습하면 된다.

좌비켜 리드 손동작

리드 손 구간 설명

① 오른손을 왼쪽 1.2구간에서
② 3.4구간으로 오른쪽으로 수평 이동하고
③ 5.6구간에는 오른손을 여성 머리 위로 손을 올려, 시계 반대 방향으로 돌린다.

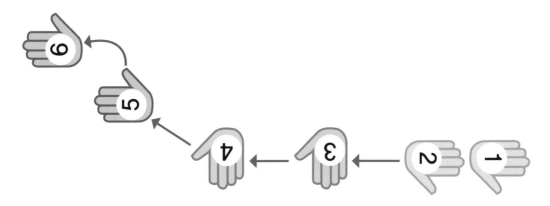

하나, 두울 **리드손**

① 카운터를 정확히 하면서 스텝과 손동작을 익힌다.

② '하나, 두울' 구간에 구령을 하면서 몸을 **90**도 회전 시킨다.

③ 이때 오른손은 오른쪽 배꼽 앞쪽에 왼쪽 갈비뼈쪽으로 접게 된다.

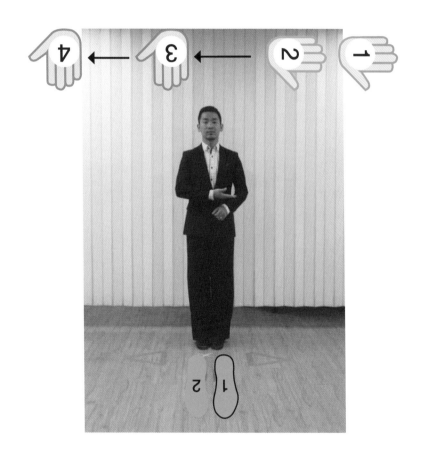

세엣, 네엣 **리드 손**

- **스텝**: 파랑색 '세엣.네엣' 구간에 구령하면서 후진 스텝한다.
- **손동작**: 리드 오른손은 오른쪽으로 천천히 수평 이동한다.

다섯, 여섯 손동작

- **스텝**: ① 빨강색 '다섯.여섯' 구령을 하면서, 반대편 삼각형 집에서 여성을 바라본다.

② 이때 여성의 머리 위로 손을 들어 주면서 시계 반대방향으로 회전을 도와준다.

③ 다시 삼각형을 반복하면서 반대 방향에서도 같은 요령으로 하면 된다.

처음엔 양방향으로 하는 것이 어려울 수 있으니 한 방향으로만 연습하는 것이 좋다.

파트너와 연습하기

남성과 여성스텝의 방향

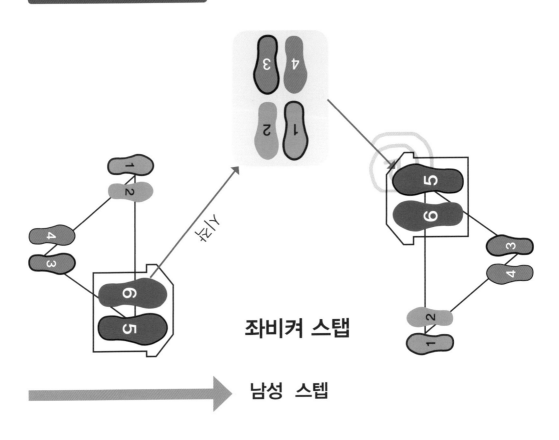

좌비커 스탭

남성　스텝

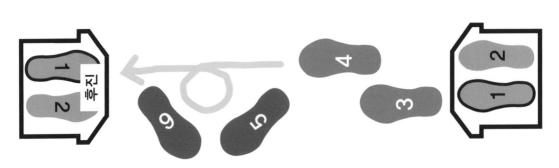

여성 스텝

리드 손잡는 법

손바닥에 여성 손을 올려놓고, 엄지손가락은 서로가 힘을 주지 않는다. 손은 신호를 정확히 줘서 여성이 동작하는 것이지, 손의 힘으로 여성을 움직이는 것이 아니다. 초보일수록 엄지손가락에 힘이 많이 들어가는데 상대방에게 부드럽고 편안한 리드를 하려면 엄지에는 전혀 힘을 주지 않는다.

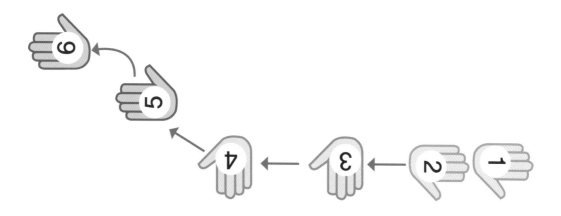

하나, 두울	세엣, 네엣	다섯, 여섯	(2) 하나, 두울
여성과의 거리 중간 지점에 리드손 손바닥에 여성의 손을 올려 놓고 손은 움직이지 않고 몸만 움직인다.	리드손 손바닥에 여성손을 올려놓고 왼쪽에서 오른쪽으로 수평 이동시킨다. 엄지손은 쓰지 않는다.	5.스텝에 머리 높이 까지 올려준다. 6.스텝에는 시계반대 방향으로, 여성 손등과 포개여 여성의 머리를 쓰다듬듯이 넘긴다.	이 구간에서 리드가 끝나기 때문에 아무런 신호 없이 여성의 손이 편안하게 내려오는 속도에 맞춰서 천천히 손이 내려오면 된다.

파트너와 준비 손동작

좌비켜는 남자 오른손으로 여성 오른손을 잡고 리드한다. 좌비켜 동작은 여성을 남성과 자리를 바꾸어서 180도 회전시켜 다시 마주 보는 동작이다. 회전할 때 머리 위로 손을 들어 회전시킨다.

준비

리드 오른손으로 여성의 오른손을 잡는다,

준비

하나, 두울 **리드 손**

몸을 90도 회전해서 여성과 ㄱ자 형태로 선다,
남성의 오른손을 배꼽 앞쪽에서 고정 시키고 서 있다.

하나, 두울

스텝 90도 회전하면서 여성 기준으
로 갈비뼈 기준이 적당하다.

1.2. 스텝

세엣, 네엣 리드손

① 남성의 오른쪽 팔꿈치를 오른쪽 옆구리 쪽에 10cm 정도 띄워서 고정시키고,

② 왼쪽 옆구리에서 오른쪽으로 부채 모양으로 반원을 그리며 수평으로 움직인다.

③ 안내하는 느낌으로 여성의 손을 오른쪽으로 수평이동 시킨다.

남성은 끝까지 여성의 몸이 불편하지 않도록 머리 어깨 팔을 잘 살피며 리드해야 한다.

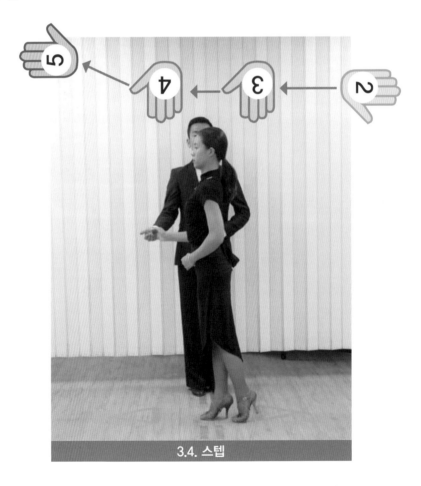

3.4. 스텝

다섯, 여섯 리드손

① 여성이 회전하는 구간이므로 팔꿈치를 펴고, 여성의 머리 위를 눈으로 보
   면서 손을 머리 높이까지 위로 들어준다.

② 시계 반대 방향으로 머리 크기만큼 원을 그려 회전시킨다.

③ 손을 회전하고 내리지 않고 들고 있다.

여성이 회전을 반정도만하게 되서 옆모습 정도가 보이게 된다. 그때 손을 빨
리 내리면 여성에 어깨나 팔이 불편할 수 있다. 남성은 끝까지 여성의 몸이 불
편하지 않도록 머리 어깨 팔을 잘 살피며 리드해야 한다.

5.6. 스텝

리드
할때

주의
사항

1. 여성이 회전하는 구간이므로 팔꿈치를 펴고, 여성의 머리 위를 눈으로 보면서 손을 머리 높이까지 위로 들어준다.
2. 시계 반대 방향으로 머리 크기만큼 원을 그려 회전시킨다.
3., 손을 회전하고 내리지 않고 들고 있는다.
   여성이 회전을 반 정도만 하게 되서 옆모습 정도가 보이게 된다. 그때 손을 빨리 내리면 여성에 어깨나 팔이 불편할 수 있다.

(2) 하나, 두울

A구간으로 여성이 집에 들어갈 때, 손을 여성의 머리를 보면서 천천히 내린다. 남성들이 5.6.발 카운터에 남성들 스텝이 마무리가 되니까 여성들 스텝도 끝났는줄 알고 손을 내려 버리는 경향이 많은데, 여성은 마무리가 1.2.발이 스텝까지 회전하기 때문에 손을 내리는 것을 5.6.구간에 하면 안 된다. 여성 머리 위를 보면서 손은 회전을 도와주면서 들고 있다가, 1.2.발에 여성이 손을 편안하게 내리는 속도에 맞춰서 천천히 내린다.

3. 우비켜 스텝 손동작

남성: 우비켜 스텝의 특징은 리드손이 아무 신호와 동작이 없이, 손을 중앙에 놓고 몸만 회전한다. 우비켜 리드는 남성 왼손과 여성 오른손을 잡고 한다. 우측으로 비켜섰다가 90도씩 회전하며 여성이 있던 자리로 가는 것이다.

여성: 여성은 단순히 앞에 있던 남성이 비키고 손으로는 아무 신호가 없으면, 전진하다가 좌로 돌기 스텝을 해서 자리를 바꾸게 된다. 여성은 회전을 해도 남자처럼 둥글게 회전하는 것이 아니고 항상 일자 형태의 길을 왔다 갔다 하면서 회전을 한다.

남성 솔로 리드 연습

① 물병을 왼손에 얹어놓고, 왼손 중심으로 비켜섰다가 90도씩 회전하면서 자리를 바꾸면 된다.

② 손 높이는 기본 허리 높이를 유지하면서 돈다.

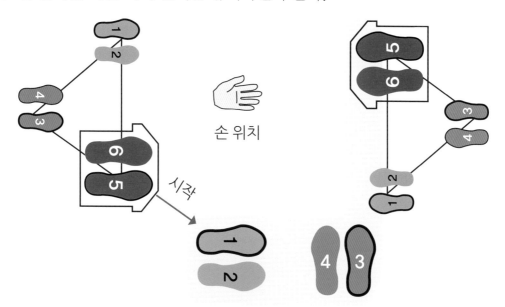

손 높이는 허리 높이가 적당하다. 남성은 시선하고 가슴 방향이 중앙을 바라보면서 90도씩 회전하면서 스텝을 한다. 우비켜 스텝은 별다른 손동작이 없이, 여성과 맞 잡은 왼 손을 중앙에다 고정 시키고, 여성 주변을 돌면서 스텝을 하면 된다.

준비 자세

- **준비**: 우비켜 리드손은 왼손 이다.

여성 기준으로 갈비뼈 정도 높이가 여성이 편하다.

준비

하나, 두울

- **스텝**: 삼각형 집에서 왼쪽으로 왼 발을 ×자로 크로스해서 1.2. 스텝 을 한다.
- **손동작**: 리드 왼손은 중앙에 위치 한다.

1.2. 스텝

세엣, 네엣

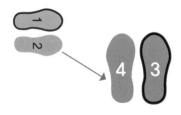

- **스텝**: 오른발 부터 90도 회전한다.
- **손동작**: 리드 왼손은 중앙에 위치 한다.

3.4. 스텝

다섯, 여섯

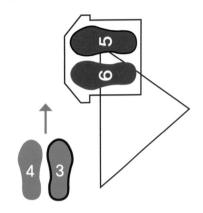

- **스텝**: 90도 회전을 해서 집에 들어
온다.
- **손동작**: 리드 왼손은 중앙에 위치
한다.

5.6. 스텝

파트너와 리드 연습하기

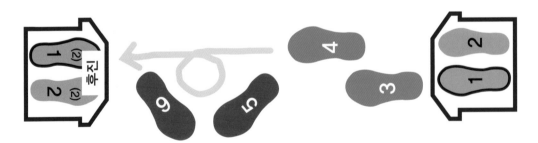

여성 스텝(좌로 돌기)

리드손 잡고 준비 자세

남성의 리드손은 왼손이다. 여성의 오른손을 잡고, 여성을 쳐다보면서 태양이 지구를 돌 듯이 주변을 반 바퀴 돈다. 왼손 리드손으로 여성 오른손을 잡는다.

• 리드 왼손으로 여성의 오른손을 잡는다.

하나, 두울

- **스텝**: 1.2. 스텝은 여성이 지나 다니는 길을 피해서 주변을 크 게 돌아야 여성과 부딪치지 않 고 멋있다.
- **손동작**: 시선과 가슴은 여성을 바라본다.

1.2. 스텝

세엣, 네엣

손동작: 손은 전혀 움직이지 않고 바른 자세로 고개와 허리를 쭉 펴 고 여성을 에스코트 하듯이 남자 답게 회전한다.

3.4. 스텝

다섯, 여섯

C 구간에 도착하면, 삼각 스텝을 하다가 반대 방향으로 연결하면서 연습한다.
실전에서도 2~3번씩 반복하는 것이 멋있다.

5.6. 스텝

4. 남성 제자리 돌기 손동작

지루박은 주로 여성이 회전이 많다. 그런데 남성이 회전을 잘 하면 훨씬 더
수준 높고 멋있는 사교춤이 된다. 리드손은 오른 손이고 여성도 오른손이다.

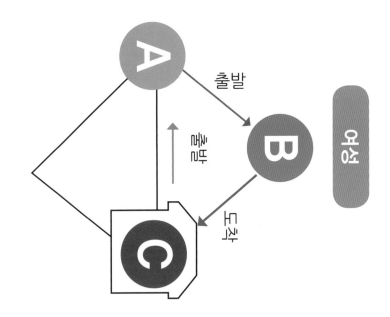

A. 구간에 손을 가슴 높이 정도로 살짝 위로 들어 준비 손동작을 한다.

B. 구간에 여성 앞에 대각선으로 서서 리드손을 남성 머리 위로 넘겨 어깨
   까지 내리면 된다.

C. 몸만 피벗턴으로 오른쪽으로 회전하고 손은 어깨에서 허리 쪽으로 아래
   로 내리면 된다

남성은 단순하게 혼자만 잘 도는 것보다 여성이 당황하지 않게 깔끔하게 회전하는 것이 중요하다.

여성에게 특별한 신호 없이 손을 갑자기 올리고 휙 돌아버리면 파트너가 당황해서 스텝이 꼬이기 쉽다.

B 구간에는 돌지 말고 여성 앞에 대각선으로 서서 손을 남성 머리 위로 넘겼다가 C 구간에 피벗턴으로 회전하는 게 여성이 당황하지 않고 깔끔하게 회전할 수 있다.

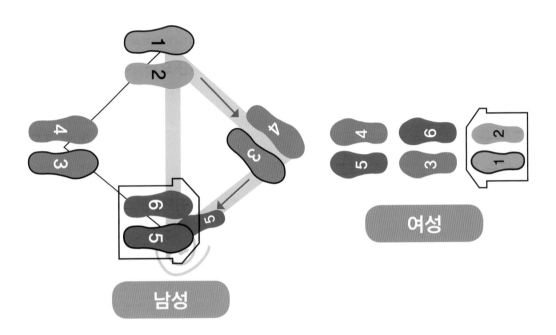

B. 구간 사진 설명

여성은 제자리 전후진 스텝하고, 남성만 여성 앞에서 제자리 회전을 한다. 리드하는 손은 오른손이고, 여성의 오른손을 잡으면 된다.

솔로 리드 손 훈련 방법

1.2.스텝 손을 살짝 들어 준비한다.

3.4.스텝 리드하는 오른손을 남성 머리 위로 넘겨 목덜미까지 내린다.

5.6.스텝 리드는 팔꿈치부터 내리면서 손은 어깨를 지나 내려오면서 회전을 한다.

이어서 1.2.스텝 삼각 스텝을 할 때 허리까지 손을 내린다.

하나, 두울

1.2. 발스텝하면서 리드손을 기본 허리높이에서 리드하기 편한 가슴 높이로 올려 준다.

이 구간에는 항상 여성이 집에 머무는 구간이라 배려해서 손의 위치는 수직으로는 높이를 조절할 수 있다. 수평이동은 하면 안된다.

1.2. 스텝

세엣, 네엣

뒷 목덜미까지 손을 넘기는 동작을 한다. 여성 앞에 살짝 비스듬히 서서 몸으로 여성에게 돌겠다는 신호를 하듯이 살짝 섰다가 다음 구간에 턴을 하면 된다.

이때 여성을 잡은 리드손이 얼굴과 이마를 지나서 머리를 쓰다듬듯이 넘겨 뒷머리를 지나 목덜미까지 간다.

3.4. 스텝

다섯, 여섯

- **스텝**: 이때 오른발 한발로 중심을 잡고 몸을 회전 시켜야 깔끔하다.
- **손동작**: 빨강색 C. 구간에서는 목덜미에 있는 손을 팔꿈치에서부터 흘러내리듯이 내리면서 오른 발을 비벼서 피벗턴을 한다.

5.6. 스텝

(2) 하나, 두울

1.2.구간에서 손을 천천히 내리면 된다.

- **스텝**: 여성을 보면서 정면에 선다.
- **손동작**: 여성의 손을 편하게 고쳐 잡는다.

(2) 1.2. 스텝

파트너와 리드 연습하기

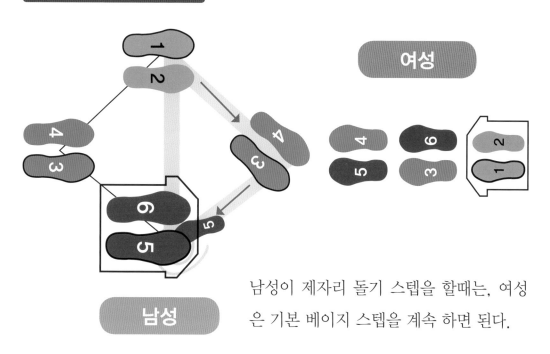

여성

남성

남성이 제자리 돌기 스텝을 할때는, 여성은 기본 베이지 스텝을 계속 하면 된다.

하나, 두울

리드손 남성 오른손과 여성 오른손을 잡는다,

1.2. 스텝

세엣, 네엣

리드손은 이마에서 머리 뒤로 목
덜미까지 넘긴다. 이 구간에서 바
로 돌아 버리면 여성이 당황을 해
서 스텝이 꼬이기 쉽다. 여성의 얼
굴을 보면서 대각선으로 살짝 서
는게 여성한데 돌겠다는 신호가
된다.

그래야 여성이 당황하지 않고 전
후진 스텝을 계속 할 수가 있다.

3.4. 스텝

다섯, 여섯

손은 여성 있는 쪽으로 팔꿈치부
터 내리면서 회전한다. 파트너 얼
굴을 보면서 손을 허리 높이로 천
천히 내리면서 삼각 스텝을 한다.

5.6. 스텝

(2) 하나, 두울

여성 파트너의 얼굴을 보면서 손을 허리 높이로 천천히 내리면서 삼각 스텝을 한다.

(2) 1.2. 스텝

5. 여성 제자리 돌리기 손동작

남성의 제자리 돌리기처럼, 여성을 제자리에서 6박자로 돌리는 동작이다.

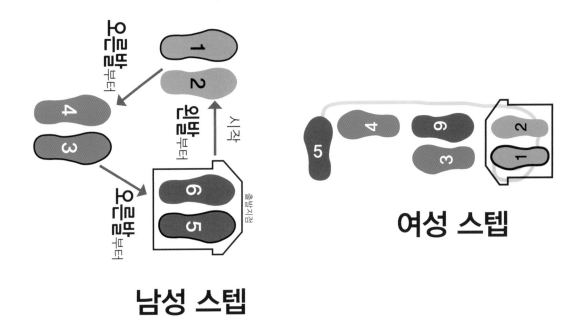

남성 스텝

여성 스텝

남성은 기본 삼각스텝을 하면서, 여성을 제자리 돌린다.

리드손은 남성 오른 손이고, 여성도 오른손이다.

하나, 두울

리드 손 높이만 가슴 높이 정도로 위로 살짝 들어서 준비한다. 이때 손을 위로 살짝 올리고 당겨지지 않게 주의한다.

1.2. 스텝

세엣, 네엣

남성의 팔꿈치를 접으면서 수평으로 손을 가슴 앞까지 당겼다가 얼굴 이마까지 올린다. 남성의 손을 가슴 앞쪽 넥타이 부근까지 당기는 동작은 여성한데는 돌라는 신호가 된다.

3.4. 스텝

다섯

시계방향으로 90°씩 회전시키면서 원래 제자리로 보낸다.

5. 스텝

여섯

리드손을 머리로 올려서 여성이 시계 방향으로(180도) 회전하는 것을 도와준다.

6. 스텝

(2) 하나

여성이 나머지 (180)도 회전을
하고 오른발 피벗턴을 한다.

(2) 1. 스텝

(2) 두울

여성은 2.스텝일 때 집에 들어온
다. 연습 때에는 실전처럼 삼각
스텝을 연결해서 한다. 여성돌리
기 연습은 여성이 많이 어지러우
므로 여성을 전후진 스텝과 병행
시킨다.

(2) 2. 스텝

종합 연습훈련 – 4가지 스텝 마스터하기

사교 댄스를 평생 안 잊어버리고 언제든지 마음대로 즐기려면, 기초부터 오래 오래 꾸준히 반복 훈련을 해야지만 몸이 평생 기억한다. 머리로 외우는 것은 금방 외운 것 같으므로 금방 잊어버리게 된다. 몸은 반대다. 익혀지는 게 좀 더디더라도 한번 잘 익혀진 동작은 습관처럼 평생을 간다.

    1. 좌비켜 스텝
    2. 우비켜 스텝
    3. 남성 제자리 돌기
    4. 여성 제자리 돌기

일단은 배운 순서대로 4가지 스텝을 음악에 맞춰서 여성을 리드할 줄 알아야 한다. 그 다음엔 순서와 상관 없이 마음 대로 리드하면서 춤을 춘다. 초급 1단계를 완전히 마스터하는 것이, 기초가 튼튼해져서 앞으로 멋있고 화려한 지루박 기술들을 업그레이드를 마음껏 할 수 있다.

혹시 음악이 잘 안 맞으면 카운터를 구령으로 천천히 골고루 연습훈련하면서 차츰 음악을 맞춰간다. 그다음은 순서 없이 남성 마음대로 순서 없이 음악에 맞춰서 여성을 리드할 줄 알아야 초급 1단계를 완전히 마스터한 것이된다. 너무 조급하게 욕심 부려서 다음 단계로 가지 말고 초급 1단계로 노래 한곡은 틀리지 않고 순서 없이 마음대로 출수 있을 정도가 되면 그때 초급 2단계로 넘어간다. 2단계에서도 1단계 연습은 계속 하는 것이 좋다. 너무 빠르게 진도를 나가버리면, 당장은 다 아는 것 같지만 시간이 지나가면 몸동작을 잊어버리기 쉽다.

부록

남성 기초 1단계
(응용기술)

기초 2단계에 입문하기 전에 1단계에서 배운 스텝을 응용해서 몇 가지 리드 손기술들을 더 배워보도록 한다. 한 가지 스텝으로도 다양한 방법의 리드 손기술을 응용해서 만들 수 있다.

1. 왼손 뿌려 여성 한바퀴 돌리기(360도 회전)
2. 허리에서 손 바꿔 돌기
3. 여성 한바퀴 반 돌리기(540도 회전)
   a. 오른손(양손)
   b. 왼손 뿌리기

1 왼손 뿌려 여성 한바퀴 돌리기(360도 회전)

기초 1단계에서 오른손으로 여성의 머리 위로 돌려 회전시키는 것을 배웠다.
이번엔 왼손으로 당기는 신호를 해서 왼쪽으로 살짝 뿌려 놓으며 여성 혼자
회전시키는 것을 배워 본다.

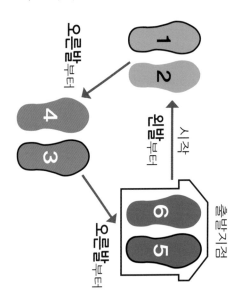

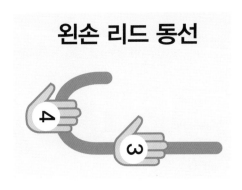

왼손 리드 동선

1.2. 구간

하나, 두울

- **손동작**: 허리 높이에서 여성 명치
  높이정도까지 왼손을 높여 준다.
  준비 자세로 손만 살짝 위로 올
  려 준다.

3. 구간

세엣

리드 왼손을 남성의 가슴 앞까지 당긴다.

4. 구간

네엣

'네'은 왼쪽으로 여성손을 돌리고 '엣'에 악센트를 주면서 스넵으로 뿌린다.

박자로는 '넷'과 '다섯' 사이에 뿌리는 것이다.

5.6. 구간

다섯, 여섯

여성이 혼자서 시계 방향으로 회전을 하고 원래 자리를 찾아 간다.

(2) 1.2. 구간

(2) 하나, 두울

여성이 회전을 다 했으면 다시 손을 잡는다.

3.4. 스텝일 때

남성이 왼손으로 여성 손을 당겼다가 4.카운터에 천천히 왼쪽으로 살짝 뿌리듯이 놓아 보자. 여성은 당기는 신호만으로도 혼자 돌도록 배워서 훈련이 되어 있다. 남성이 삼각 스텝을 하면서 가슴 쪽으로 여성의 손을 당기는 신호를 하면, 여성한테 제자리에서 한 바퀴 돌라고 하는 신호이다.

여성이 5.6.에 회전을 할 때 남성이 4.에 악센트를 주면서 여성의 회전을 도와주면 여성이 편하게 회전할 수 있다. '왼손 뿌리기' 기술에서는 '네엣' 타이밍이 까다롭고 중요하다. 여성이 다섯부터 정확하게 돌기 위해서는 '네엣'에서 '엣' 타임에 뿌리는 것을 많이 연습을한다. 뿌리는 타이밍이 좀 까다롭기는 해도 미리 뿌리면 여성이 4.발에 미리 돌아서 6박자가 남을 수 있고, 또 5.발에 뿌리면 타이밍이 늦어져서 여성이 6박자가 넘어가서 박자가 안 맞는 경우가 많다. 리드가 단순하고 쉬워 보이기는 하지만 여성이 6박자를 돌게끔 정확히 리드 해주는 것은 어렵고 까다롭다.

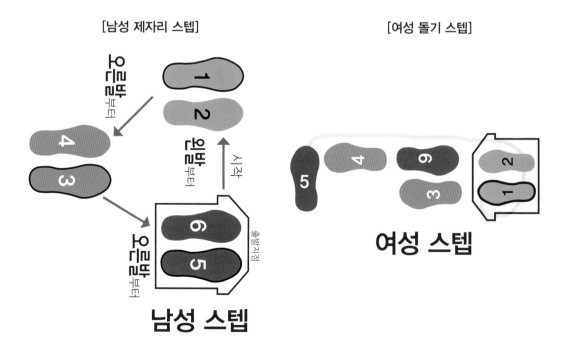

[남성 제자리 스텝]   [여성 돌기 스텝]

남성 스텝   **여성 스텝**

여성의 **5**번째 발이 남성 앞에서 **90**도 꺾어지도록 4번째발 하자마자 5번째 발 전에 고무줄 당겼다 놓듯이 왼쪽으로 왼손을 뿌려 놓는다.

남성의 입장에서는 간단한 것 같아도 타이밍이 잘 안맞으면, **6**박자 원칙이 안 되서 음악의 흐름이 깨지고 박자가 자꾸 틀리게 된다. 은근히 실수가 많이 나기 때문에 남성은 뿌리는 타이밍을 잘 훈련해야 한다.

여성이 **5.6.**발에 돌고 나서 **1.2.**스텝까지 기다렸다가 여성과 마주보면서 삼각스텝을 할 때 손을 다시 잡는다.

2 허리에서 손 바꿔 돌기

① 첫 번째 제자리 돌기 기술은 남성이 오른손을 머리 위로 올려 넘겼다가 제자리 돌기를 했다.

② 두 번째 기술은 리드 손이 머리로 가지 않고 허리 높이에서 양손을 번갈 아가면서 두 번 바꾸면서 남성이 제자리 도는 기술이다.

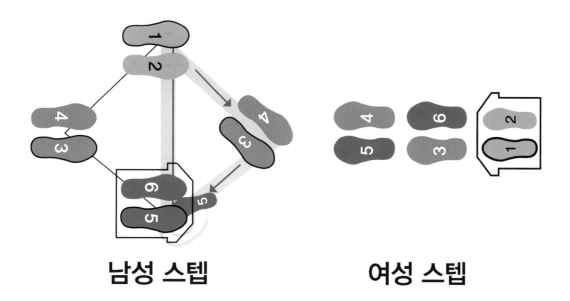

남성 스텝　　　　　**여성 스텝**

하나.둘은 오른손을 잡고 신호는 없다.

세엣.네엣은 여성을 잡고 있던 손을, 남성 오른손에서 남성 왼손으로 체인 지 한다.

다섯에는 오른손은 여성 손을 아래에서 위로 잡으며 체인지한다. 물병을 이 용해서 연습하면 좋다.

하나, 두울

리드 준비손은 오른손이고 여성의
오른손을 잡는다.

1.2. 스텝

세엣

여성을 잡고 있는 리드손을 오른손
에서 왼손으로 체인지 한다.
이때 왼손은 위에서 아래로 여성의
손등 쪽을 감싸쥐듯이 잡는다.

3. 스텝

네엣

오른손은 놓고 왼손만 잡는다.

4. 스텝

다섯

이번에 왼손에서 오른손으로 체인지
한다.
이때 체인지하는 오른손은 아래에서
위로 여성의 손바닥쪽을 잡는다.

5. 스텝

여섯

체인지한 리드 오른손을 남성은 몸
을 회전할 때 잠깐 폈다가 다시 편
하게 잡는다. 그래야 손이 꼬이지 않
는다.

6. 스텝

주의 사항 리드손 체인지 할 때 3.4. 스텝에는 여성의 손등쪽으로 잡고 5.6. 스텝에는
여성의 손바닥 쪽을 잡고 체인지한 5.6. 스텝에서는 체인지 했다가 몸을
회전할 때 리드손을 폈다가 다시잡아야 여성과 불편하지 않는다.

셋 – 여성 앞에 대각선으로 선다.	다섯 – 피벗턴을 하면서 등뒤로 왼손에서 오른 손으로 체인지한다.	하나 – 여성을 보면서 삼각 스텝을 한다.
넷 – 발을 붙이며, 남성 오른손에서 왼손으로, 여성에 손등을 위에서 덮듯이 잡으며 체인지 한다.	여섯 – 뒤로 돌아서면서 왼발을 붙인다 .	둘 – 발을 모은다.

3 여성 한 바퀴 반돌리기(540도 회전)

남성의 스텝은 처음에 배웠던 좌비켜 스텝이다.

좌비켜에서는 여성을 반 바퀴(**180도**)만 돌아 갔지만, 손기술을 다르게 해서 여성의 회전량은 3배나 증가시켜 한 바퀴 반(**540도**)를 돌리게된다.

한 바퀴 반 돌리기 리드 동작은 엑션이 큰 고난이도 손기술이다. 순간 스피드를 내야 되서 초보자들이 요령 없이 막 휘둘르면 여성의 어깨와 팔이 불편하고 부상을 입을 수도 있다. 더욱이 초보 여성들도 스텝이 서툴러서 몸이 무거워 스텝연습을 일주일 이상은 해야 몸이 좀 가볍게 돌수 있다. 초보 여성이 스텝이 잘되고 몸이 가벼울 때, 초보 남성도 원리를 잘알고 손을 부드럽게 훈련이 되었을때 파트너와 천천히 연습을 한다.

오른손으로 한 바퀴반 리드

회전량이 많고, 리드 속도가 빨라 오른손으로 리드를 하고, 왼손이 보조동작을 해서 양손으로 안전감 있게 리드를 한다.

남녀 오른손을 잡고 삼각 스텝을 하다가 좌비켜 스텝을 한다.

1.2.발에 오른손을 잡은 체로 살짝 들면서 좌비켜를 한다.

남성 왼손이 여성 오른팔 팔꿈치에 받치면, 여성 손은 목높이 정도가 되고 팔꿈치는 명치 높이정도로 여성 팔이 대각선 형태가 된다.

받쳐주는 여성 왼손은 오목한 접시처럼이나 화분 받침대처럼 손바닥을 둥글게 펴서 받친다.

오른손은 여성 얼굴 높이 정도이고, 받친 팔꿈치에 왼손은 여성 명치높이정
도로 여성의 팔을 대각선 각도로 잡고 리드한다.

손하고 발하고 카운터 숫자를 맞춰서 연습 훈련한다.

1. 한바퀴반 오른손 리드손동작 (양손)

스텝은 좌비켜 스텝이고, 리드손은 오른손이고 왼손은 팔꿈치를 받혀 보조
로 리드한다.

셋 – 양손을 오른쪽으로 보냈다가	다섯 – 피벗턴 하면서 오른손으로만 여성 머리위에서 시계 방향으로 회전	(1) 하나 – 여성이 피벗턴을 하니
넷 – 양손을 오른쪽에서 왼쪽으로 크게 보냈다가	여섯 – 여성이 회전을 1.2.까지하니 계속 머리 위에서 회전을 도와준다	(2) 둘 – 손을 천천히 내린다

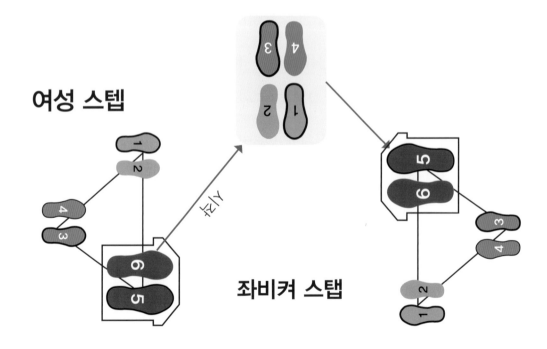

여성 스텝

좌비켜 스탭

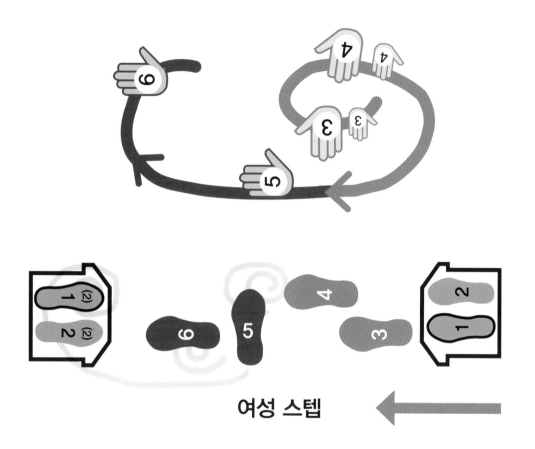

여성 스텝

리드손

남성 오른 손과 여성 오른손이다.

준비

하나

- **스텝**: 좌비켜 스텝을 한다.
- **손동작**: 양손으로 준비동작만 한다.

1. 스텝

두울

- **손동작**

오른손 – 여성 얼굴 높이 정도
왼손 – 여성 갈비뼈 정도에서 손바닥을 받친다.
사진처럼 여성의 손이 대각선이 되도록 양손을 잡고 받친다.

2. 스텝

세엣

- **손동작:** 양손을 대각선으로 유지
  한 상태에서 오른쪽으로 뺵동작
  을 한다.

3. 스텝

네엣

- **손동작:** 뺵했던 양손을 오른쪽에
  서 왼쪽으로 빠르게 수평으로 타
  원형을 그리며 리드한다.

4. 스텝

다섯

- **손동작**: 오른손만 여성의 머리 위로 올려서 시계방향으로 도는 것을 도와준다.
- **스텝**: 오른발 피벗턴이다.

5. 스텝

여섯

- **손동작**: 여성이 회전

6. 스텝

(2) 하나

- **손동작**: 여성은 아직 회전을 하고 있으니 여성의 회전을 보면서 리드손을 내려준다.
- **스텝**: 삼각 스텝을 한다.

(2) 1.스텝

(2) 두울

- **스텝**: 삼각 스텝을 하면서 다음 스텝을 결정하고 시작한다.

(2) 2.스텝

2. 한바퀴반 왼손 리드

남성이 제자리에서 여성을 한 바퀴 돌릴 때, 왼손 뿌리기 리드 형태와 비슷하다.

여성의 회전량이 많아서 임팩트 있게 신호줄 때에는 "**네엣**"에서 '**엣**'카운터에 악센트를 줘야 여성의 리드가 잘되고, 여성도 회전하기 편하다.

스텝은 좌비켜 스텝이고, 남성 리드 손은 왼손이다.

준비

- **손동작**: 리드손 왼손이고 여성의 오른손을 잡는다.
- **스텝**: 삼각 스텝을 하면서 리드를 준비한다.

준비

하나, 두울

- **손동작**: 1.2. 스텝은 항상 아무런 신호를 주지않는다.
- **스텝**: 좌비켜 스텝을 한다.

1.2. 스텝

세엣

- **손동작**: 왼손을 수평으로 오른쪽으로 이동한다.
- **스텝**: 오른발부터 비키는 스텝을 한다.

3. 스텝

네엣

- **손동작**: 리드 손은 오른쪽으로 임 펙트 있게 뿌려 놓아버린다. 박자 로는 '넷'과 '다섯' 사이에 뿌리는 것이 정확하다.
- **스텝**: 왼발을 붙인다.

4. 스텝

다섯, 여섯

- **손동작**: 여성이 혼자서 회전을 하 기 때문에 손동작이 없다.
- **스텝**: 피벗턴해서 제자리로 오면 된다.

5.6. 스텝

(2) 하나, 두울

- **손동작**: 여성이 맞은편 제자리에
  서면 다시 손을 잡으면 된다.

(2) 1.2. 스텝

3. 스텝

리드손을 수평으로 오른쪽으로 빼하는 동작을 한다.

4. 스텝

리드손을 다시 왼쪽으로 손을 놓으면서 임펙트 있게 뿌린다.

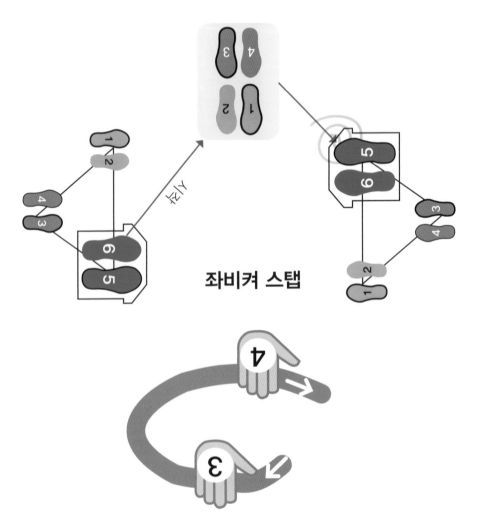

리드 **왼손**으로 카운터 **3.4.**에 맞춰서 오른쪽 왼쪽으로 돌리듯이 감는 연습을 많이 한다.

2

남성 기초 기술
– Ⅱ 단계

남성 지루박 기초 2단계는 6박자를 2셋트 3셋트씩 조합하는 앞뒤자리바꿈, 어깨걸이, 안고 돌기 기술을 배운다.

1. 앞뒤 자리 바꿈 손동작
2. 어깨 걸이 손동작
3. 안고 돌기 손동작

기초 1단계 기술로 노래 한 곡 정도는 수월하게 리드를 할 수 있어야 기초가 탄탄히 잡힌 것이다. 그러기 위해서는 1단계에서 배운 원칙하고 공식은 무조건 외우고 몸에 익히자.

1단계를 완전히 마스터하고, 2단계를 시작해야 성공할 수 있다.

기초 2단계에서는 기초 1단계에서 배운 스텝 4가지를 세트로 조합시키고, 응용하고, 변형시킨 기술들을 배운다. 지루박에서 남성의 춤이 여성 춤보다 초급은 3배, 중급은 5배 이상 어렵다고 보면 된다.

여성은 음악에 맞춰서 6박자 걸음만 걸을 줄 알면 남성이 다 알아서 리드하면서 춤을 추게해주기 때문에 남성보다 훨씬 쉽다. 이것이 지루박의 가장 큰 특징이다. 여성은 좀 미숙해도 남성이 리드하면 춤을 출 수 있다. 그렇지만 남성이 미숙하면 리드 춤을 출 수가 없고, 여성이 눈치껏 추는 춤은 한계가 있고 서로 재미가 없어 흥미를 잃기 쉽다.

아직도 카운터마다 왼발 오른발이 헷갈리고, 6박자가 됐다가 안됐다 하는 것은 머리로는 외워졌으나 몸과 발이 훈련되어 있지 않는 것이다. 몸과 발은 단순하고 쉬운 것을 무한 반복하는 것이 운동 신경 리듬감각을 익히는 지름길이다.

춤은 머릿속에서 생각이나 기억력으로 추는 것이 아니라 몸이 기억하고 발이 기억한 것이 습관적으로 움직이는 것이다. 머리는 여성을 위해 배려하고 리드하는데 집중하는데 써야 한다. 그래야만 남성으로서 당당하고 자신감 있게 배려하면서 리드할 수 있는 춤을 출 수 있다.

기초 1단계에서 6박자의 기초스텝 4가지를 배웠다(1. 삼각스텝 2. 좌비켜스텝 3. 우비켜스텝 4.제자리 돌기 스텝). 지루박 기초에 입문해서 1단계가 마스터되어서 파트너와 춤을 출 수 있으면, 좀 더 수준 있는 기초 2단계에 도전해 본다. 혹시라도 1단계에 6박자 발 공식이 몸에 습관처럼 익혀지질 않아, 아직 어렵고 능숙하게 안 될 때에는 2단계 연습보다는 1단계 발 공식을 마스터하도록 한다.

6박자 발 공식		
1.2. 스텝은 왼발부터 스텝	→ 하나 = 왼발	
3.4. 스텝은 오른발부터 스텝	→ 셋 = 오른발	
5.6. 스텝은 오른발부터 스텝	→ 다섯 = 오른발	

남자 지루박 6박자는 모든 스텝발이 이 공식으로 이루어졌으니 스텝 외울 때마다 헷갈리면 2단계 춤은 스텝이 많아 출 수가 없다. 반드시 초등학생 산수에서 구구단 공식처럼 발 공식을 습관처럼 외우길 바란다.

2단계는 스텝이 많고 복잡해 보여도 6박자 발 공식만 습관처럼 몸에 훈련되어 있으면 땅을 보지 않아도 발은 저절로 움직여 스텝이 쉬워진다. 앞으로 배우게될 중급/고급 스텝들은 기초가 튼튼해야지만 기술이 잘 익혀지고, 슬럼프에 빠지지 않는다.

1. 앞뒤 자리 바꿈 손동작

지루박의 특징 중 하나가 여성이 다니는 길이 일자 형태로 정해져 있다는 것이다. 남성이 정해진 여성의 길을, 개울 건너다니듯 앞으로 뒤로 건너다니는 스텝이다. 앞뒤 자리바꿈 스텝은 6박자가 3세트로 구성되어 있다.

6박자×3셋트 구간 그림

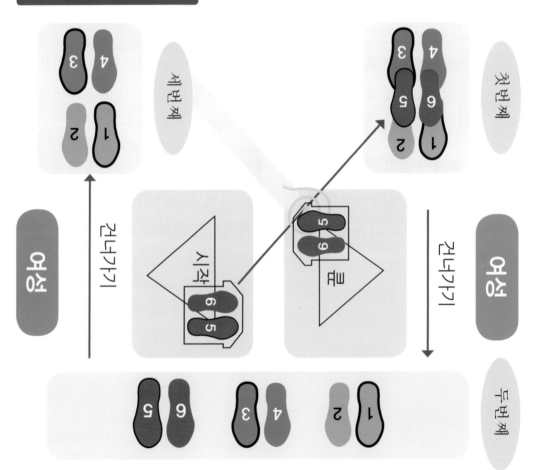

첫 번째 6박자	두 번째 6박자	세 번째 6박자
좌비켜스텝을 하고, 5.6. 스텝만 변형해서 제자리 스텝을 한다.	1.2.스텝이 앞으로 왼발로 건너가서 3.4.스텝과 5.6.스텝은 옆으로 가는 스텝을 한다.	A.구간에 왼발이 뒤로 후진으로 건너와서 좌비켜스텝을 하면 된다.

가이드라인 테이프 붙이기

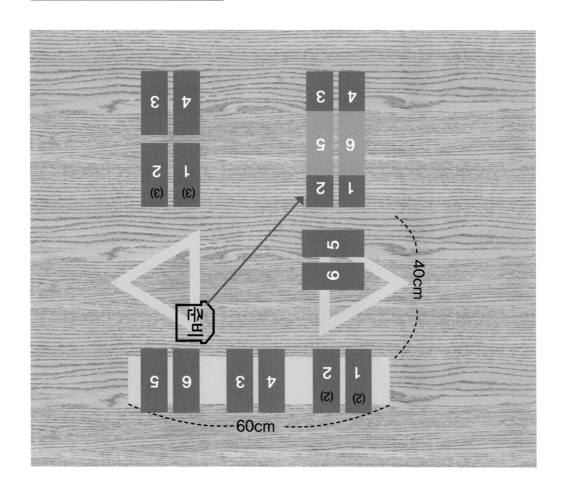

여성이 다니는 길

테이프 90cm 2장으로 40cm 간격으로 붙여 놓고 앞뒤자리바꿈을 연습한다.

6박자 5세트 그림

삼각 스텝 + 앞뒤 자리바꿈 3세트 + 삼각 스텝

첫 번째 6박자	두 번째 6박자	세 번째 6박자
1.2.3.4.스텝까지는 좌비켜발을 하고 5.6.발만 제자리에서 스텝한다.	옆으로 걷는 사이드 스텝을 한다.	왼발로 후진으로 40cm 정도 건너가서 기본 좌비켜 스텝을 하면 된다.

실전 스텝연습

스텝이 이해가 가고 외워서 몸에 익혀졌으면 양쪽 방향에서 되는지 연습해본다. 지루박 스텝들은 여성의 다니는 일자 형태의 길을 기준으로 양쪽 방향에서 스텝이 잘 되어야 한다. 한쪽 방향에서만 연습하면 반대쪽에서는 헷갈려서 잘 안 되는 경향이 있다. 또 여성과 마주보는 방향이 아니라 옆에 다른 방향에서 연습하는 경향도 있다. 삼각 스텝을 하면서 양쪽 방향에서 스텝이 잘되는 연습을 하고 음악 연습으로 넘어간다.

스텝 음악연습

음악에 맞춰서 20~30분씩 일주일 이상 충분히 훈련하는 것이 좋다. 일단 스텝을 외웠으면 머리에서 생각을 하고, 스텝을 하면 아직 몸과 발이 못 외운 것이다. 생각 없이도 몸과 발이 길을 따라 저절로 정확히 움직여야 한다.

우리가 한글을 쓸 때 자음 모음 ㄱㄴㄷ..., ㅏㅑㅓㅕ...를 일일이 생각하지 않아도, 말하는 데로 글이 저절로 써지듯이 스텝 하나하나를 생각하지 않아도, 스텝발이 6박자가 정확하게 길을 따라 걸을 수 있어야 다음 단계 손으로 리드하는 춤을 출 수가 있다. 일단은 스텝을 탄탄히 익히기 위해서 느린 음악에 맞춰서 연습한다. 일주일 이상은 음악에 항상 차 시동 걸어 놓은 것처럼 삼각 스텝을 하면서 리듬을 타다가 기술 스텝을 시작하고 기술스텝이 끝나도, 자동차 신호 대기 상태여도 엔진은 계속 돌아가는 것처럼 삼각 스텝을 계속하면서 리듬을 타다가 스텝을 익히도록 한다.

작은 물병이나 모래주머니 활용 연습 방법

핸드 투 핸드, 손과 손을 바꾸는 동작이 많아서 작은 물병이나 모래주머니를 여성의 손으로 활용해서 혼자서 천천히 손동작을 익히도록 한다.

첫 번째 6박자	두 번째 6박자	세 번째 6박자
• 물병을 오른손으로 들고 좌비켜 리드를 한다. • 3.4. 스텝에서는 물병 손을 왼쪽에서 오른 쪽으로 수평으로 신호를 주고 • 5.6. 스텝에서는 물병 손을 여성 머리 위로 시계 반대 방향으로 회전하고	• 1.2. 스텝에 물병 손을 허리 높이까지 내리면서 옆으로 팔을 쭉 편다. • 3.4. 스텝에서 허리 뒤로 물병을 오른손에서 왼손으로 바꿔 잡고 • 5.6. 스텝에서 물병 손을 왼쪽으로 이동시키고,	• 1.2. 스텝에서는 물병 손을 허리높이에서 팔을 쭉 핀다. • 3.4. 스텝에서 허리 앞으로 물병손을 왼손에서 오른손으로 바꿔 잡는다. • 5.6. 스텝에서는 좌비켜 처럼 물병 손을 머리 위로 회전시키면 되고

1.2. 스텝에서 파트너를 마주 보면서 물병 리드손이 내려오면 된다.

앞뒤 자리바꿈 리드 손동작

첫 번째 6박 리드 동작

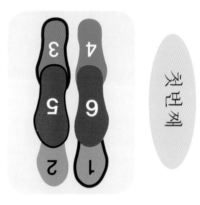

첫 번째 리드손

1.2. 스텝

하나, 두울

- 손동작: 손에 아무런 신호를 주지 않고 손 있는 데로 몸만 접는다.
- 스텝: 좌비켜 스텝을 한다.

3.4. 스텝

세엣, 네엣

- **손동작**: 수평으로 리드 손을 왼쪽에서 오른쪽으로 안내하듯이 신호를 준다.
- **스텝**: 살짝 비키는 스텝을 한다.

5.6. 스텝

다섯, 여섯

- **손동작**: 손을 여성 머리 위로 시계 반대 방향으로 회전을 도와주고 들고 있는다.
- **스텝**: 거의 제자리를 유지하면서 살짝 앞으로 스텝을 한다.

두 번째 6박자 리드 동작

사이드 스텝

(2) 하나, 두울

- **손동작**: 오른팔을 천천히 내리면서 허리 높이를 유지하며 여성의 자리까지 팔을 편다. 그래야 여성이 집을 편안히 들어갈 수 있다.
- **스텝**: 40cm를 앞으로 건너듯이 스텝을 한다.

(2) 1.2. 스텝

(2) 세엣, 네엣

- **손동작:** 여성을 남성 뒤로 지나가게 하면서 리드 손을 오른손에서 왼손으로 체인지하며 옆으로 사이트 스텝을 한다.
- **스텝:** 오른발부터 오른쪽으로 사이드 스텝을 한다.

(2) 3.4. 스텝

(2) 다섯, 여섯

- **손동작:** 등위에서 왼손을 쭉 편다.
- **스텝:** 오른쪽으로 사이드 스텝을 붙이면서 한다.

(2) 5.6. 스텝

세 번째 6박자

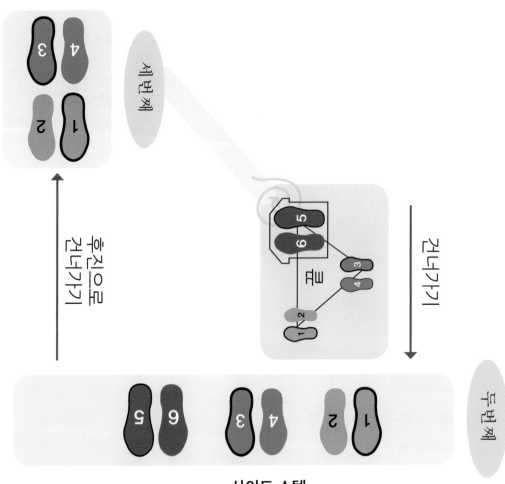

사이드 스텝

세 번째 리드손

뒤로 40cm 후진을 해서 건너간다.

(3) 하나, 두울

- **손동작**: 왼손은 여성이 있는 자리 까지 쭉 펴준다.
- **스텝**: 후진으로 40cm 건넌다.

(3) 1.2. 스텝

(3) 세엣, 네엣

- **손동작**: 왼손에서 오른손으로 리 드손을 체인지 한다.
- **스텝**: 뒤로 비키는 스텝을 한다.

(3) 3.4. 스텝

(3) 다섯, 여섯

- **손동작**: 리드손을 머리 위로 들어 회전시킨다.
- **스텝**: 오른발로 피벗턴을 해서 여성을 본다.

(3) 5.6. 스텝

앞뒤 자리 바꿈 파트너와 호흡 맞추기

첫번째 6박자

리드손은 오른손으로 여성의 오
른 손을 잡고 시작한다

하나, 두울

- 스텝: 좌비켜 처럼 90도 비켜
  선다.
- 리드손: 여성의 손이 움직이지
  않도록 주의하면서 몸만 90도
  회전한다.

1.2. 스텝

세엣, 네엣

- **리드손**: 여성이 편안하게 지나가도록 리드 손을 왼쪽에서 오른쪽방향으로 수평 이동을 한다 .갈비뼈 높이정도가 적당하다.
- **스텝**: 여성이 편하게 지나가도록 살짝 비키는 스텝을 한다.

3.4. 스텝

다섯, 여섯

- **손동작**: 리드손은 여성의 머리위로 손을 들어주면서 회전을 도와준다. 이때 여성 의 회전 방향은 왼쪽 방향으로 180도 회전이다.
- **스텝**: 제자리에서 살짝 앞으로 스텝을 한다.

(3) 5.6. 스텝

두번째 6박자

(2) 하나, 두울

- **손동작**: 리드손은 여성이 집에 편하게 있도록 허리 높이까지 내려서 뻗어 준다.
- **스텝**: 여성의 길 40cm정도 앞으로 건너간다.

(2) 1.2. 스텝

(2) 세엣, 네엣

- **손동작**: 남성 리드손은 허리 뒷쪽에서 오른손에서 왼손으로 리드 손을 체인지를 한다.
- **스텝**: 오른발부터 오른쪽으로 사이드 스텝을 한다.

(2) 3.4. 스텝

(2) 다섯, 여섯

오른 쪽으로 사이드 스텝을 한번 더 하고 여성이 오른쪽으로 이동 하면서 우로돌기 스텝을 하기 때 문에 왼손은 허리 높이에서 오른 쪽으로 뻗어 준다.

(2) 5.6. 스텝

세번째 6박자

(3) 하나, 두울

- **스텝**: 후진으로 뒤로 40cm정도 건너가기 스텝을 하면서 리드 왼손을 뻗어서 여성이 집에 편안하게 머물게 뻗어준다
- **손동작**: 항상 1.2 스텝은 여성이 집에 머무는 구간이기 때문에 이구간에 당기거나 움직이게 하면 6박자 원칙이 깨진다.

(3) 1.2. 스텝

(3) 세엣, 네엣

- **스텝**: 여성이 편하게 지나 가도록 살짝 후진 스텝을 한다.
- **손동작**: 리드손을 왼손에서 오른손으로 체인지 한다.

(3) 3.4. 스텝

(3) 다섯, 여섯

- **손동작**: 여성의 머리 위로 손을 들어 회전을 시켜 준다.
- **스텝**: 피벗턴을 하면서 삼각형 집으로 온다.

(3) 5.6. 스텝

마무리 하나, 두울

- **스텝**: 제자리에서 삼각 스텝을 하면서 다음 기술을 준비하면 된다.
- **손동작**: 여성이 회전하는 것을 살펴보면서 천천히 손을 내리면 된다.

마무리 1.2. 스텝

2. 어깨 걸이 손동작

여성을 남성 품 앞에까지 데리고 왔다가 전진으로 회전시키고 좌비켜로 마무리한다.

6박자 × 3 셋트 구간 그림

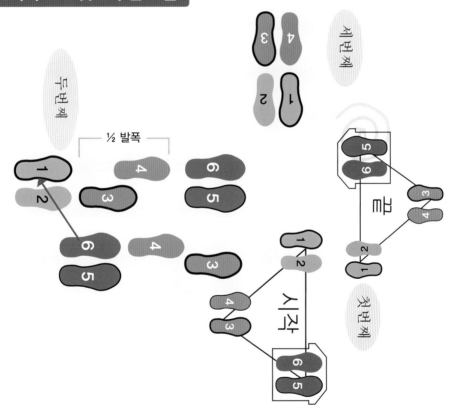

첫 번째 6박자	두 번째 6박자	세 번째 6박자
1.2. 스텝 출발 3.4. 스텝 후진으로 걷는 스텝 5.6. 스텝 도착	1.2. 스텝 대각선 후진을 했다가 3.4. 스텝에서 전진해서 걷는 스텝 5.6. 구간 도착	마지막은 좌비켜로 마무리 하는 동작이다.

솔로 손동작 익히기

첫 번째 6박자

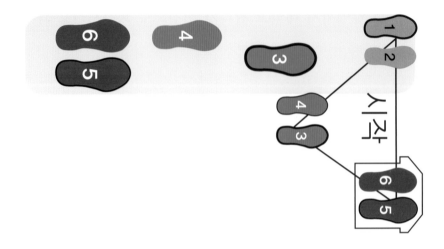

하나, 두울

리드는 오른손이다.

준비 1,2, 스텝

세엣, 네엣

리드손을 가슴 쪽으로 당긴다.

- 스텝: 오른발부터 후진스텝으로
  걷는 스텝을 한다.

3.4.스텝

다섯, 여섯

여성을 돌려 세워서 여성 어깨 위에
리드손을 올려 놓는다.

- 스텝: 발을 모은다.

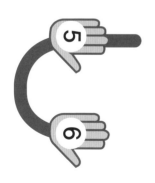

5.6.스텝

두 번째 6박자

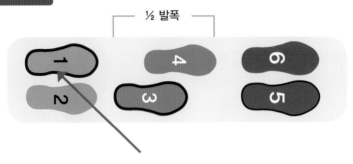

½ 발폭

(2) 하나, 두울

- 스텝: 대각선 후진스텝을 한다.
- 손동작: 왼손까지 양손을 여성 어깨 위에 살짝 올려서 준비한다.

(2) 1.2. 스텝

(2) 세엣, 네엣

- 스텝: 1/2폭으로 작게 15cm씩 오른발부터 전진 걷는 스텝을 한다.
- 손동작: 4.스텝 박자에 왼손으로 여성어깨를 밀어서 회전을 도와준다.

(2) 3.4. 스텝

(2) 다섯, 여섯

- 스텝: 발을 모은다.
- 손동작: 오른 손을 여성 머리 위로 들어 준다.

(2) 5.6. 스텝

세 번째 6박자

처음에 배웠던 좌비켜 스텝으로 마무리한다. 앞으로 여러 가지 기술에 좌비켜 스텝이 많이 들어간다. 좌비켜 스텝과 리드 손동작을, 확실히 알아두어야 지루박 기술을 배우기가 쉬워진다.

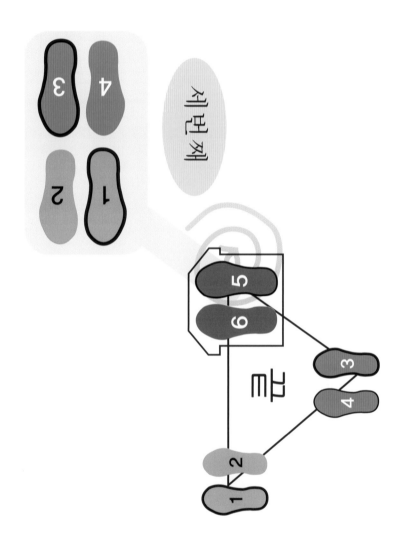

가이드라인 테이프 사진

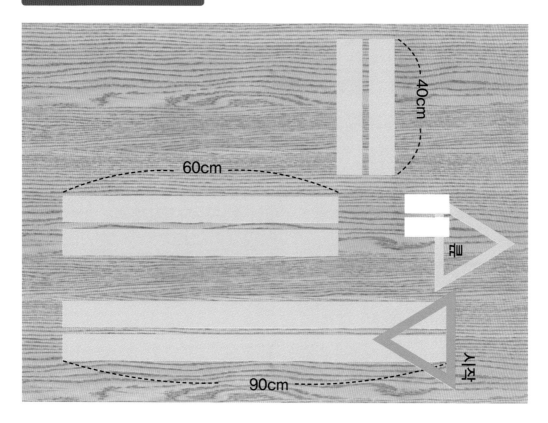

첫 번째, 후진 90cm 테이프는 마주보고 있던 여성을 데리고 와서 남성 가슴 앞에서 돌려 세워서 같은 방향을 보고 서 있어야 한다. 후진 발은 내 가슴으로 데리고 오는 스텝이라 발을 크게 걷는다.

두 번째, 전진 60cm 테이프는 여성은 항상 아직 회전이 남아있어 완벽하게 남성 앞에 편안히 설 수 있게 뒤로 살짝 물러났다가 여성보다 작게 걷는 스텝을 한다.

세 번째, 좌비켜 40cm 비켜섰다가 삼각 스텝을 이어서 하면 된다. 어깨걸이 스텝이 이해가 가고 외워서 몸에 익혀졌으면 양쪽 방향에서 되는지 연습해 본다. 삼각 스텝을 하면서 양쪽 방향에서 스텝이 잘되는 연습을 하고 음악 연습으로 넘어간다. 항상 하는 잔소리이지만 고개를 들고, 가슴은 쫙 펴고, 엉덩이가 빠지는 일 없이 자세는 반듯하게 최대한 거울 보면서 연습한다.

음악 연습

삼각 스텝을 하고 후진스텝 6발, 전진스텝 6발, 좌비켜스텝 발을 느린 음악부터 맞춰보고 점점 빠른 음악으로 맞춰서 익힌다. 그래야만 스텝 모양을 정확하게 익힐수 있지, 처음부터 빠른 음악으로 하면 스텝 모양이 정확하지 않고 변형된 스텝을 연습하는 경우가 있어 속도는 천천히 올리는 것이 좋다.

어깨걸이 리드

● 첫 번째 6박자 (후진)

남성 오른손으로 여성 오른손을 잡는다.

삼각 스텝을 허리 높이에서 하다가 1.2.발 스텝에 여성의 손을 여성 허리 높이에서 가슴 높이 정도로 올린다. 1.2.발에는 여성 손에 아무런 신호를 주면 안 되고, 높이 조절만 할 수 있다. 항상 여성이 편안히 1.2.발에 모을 수 있도록 배려해 주어야 한다.

● 여성 스텝

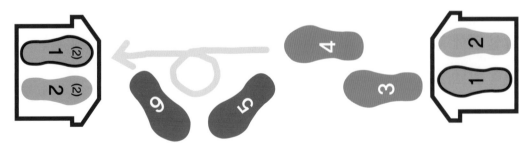

● 리드 손모양

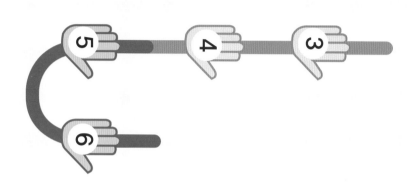

● 첫 번째 6박자 리드

하나, 두울

• 스텝: 두 번째 1.2.스텝은 남성이 대각선 후진하면서 여성 등뒤에 그림자처럼 서면 된다.

• 손동작: 여성의 나머지 회전은 두 번째 1.2발에 남성 앞으로 후진으로 집에 들어오면서 나란히 앞뒤로 서게 된다. 그래서 남성 1.2.발이 여성의 1.2발이 후진이기 때문에 발을 맞춰 주기 위해서 남성도 후진스텝을 했다가 전진 스텝을 하는 것이다.

1.2. 스텝

세엣, 네엣

- **손동작**: 리드손을 가슴 중앙으로 당기는 신호를 한다.
- **스텝**: 3.4.발에는 여성을 당겨서 회전시키는 신호를 한다.
- ※ 여성 제자리 돌리기 스텝할때 리드 신호처럼, 여성의 손을 남자 가슴 쪽으로 당기는 신호를 한다. 그럼 여성이 회전한다는 것으로 이해하면서 전진을 한다.

3.4. 스텝

다섯, 여섯

- **손동작**: 리드 손목을 오른쪽으로 회전해서 여성 오른쪽 어깨에 여성손과 남성손을 포개어 올려 놓는다.
- **스텝**: 5.발에는 여성의 손을 오른쪽으로 회전 시키면서,
  6.발에는 여성 오른쪽 어깨에 여성 잡은 손과 같이 어깨에 올려놓으면서 회전시킨다. 그럼 여성이 남성 앞에서 오른쪽으로 회전하면서 대각선까지 온다.

5.6. 스텝

● **두 번째 6박자**

다음은 여성 스텝(한 바퀴반)이다.

여성 스텝 (한바퀴반)

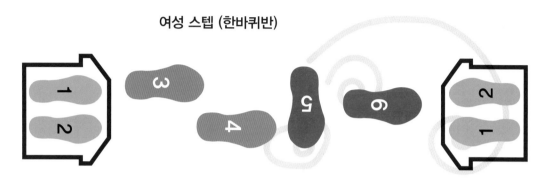

● **남성 스텝**

(2) 하나, 두울

- 스텝: 대각선 후진스텝을 한다.
- 손동작: 왼손까지 양손을 여성 어깨 위에 살짝 올려서 놓는다. 여성손 잡은 오른 손은 여성 어깨 위에서 그대로 여성과 후진을 하면서 그림자처럼 여성 등 뒤에 선다.

(2) 1.2. 스텝

(2) 세엣, 네엣

- **스텝**: 1/2폭으로 작게 15cm씩 오른발부터 전진 걷는 스텝을 한다.
- **손동작**: 4.번째 박자에 왼손 여성 어깨을 밀어서 회전을 도와준다. 4.발 스텝에 여성 왼쪽 어깨를 임팩트 있게 밀어서 여성의 5.6.발 한 바퀴 반 회전을 도와준다.

(2) 3.4. 스텝

(2) 다섯, 여섯

- **스텝**: 발을 모은다.
- **손동작**: 오른 손을 여성 머리 위로 들어 준다.
  여성의 손을 잡고 어깨에 있던 오른 손을 여성 머리로 들어서 내추럴 방향으로 한 바퀴반 회전을 도와준다.

(2) 5.6. 스텝

넷' 카운터을 '네 엣'로 나누어서 '엣'에 임팩트를 준다.

임팩트란 야구나 골프에서 공을 친 순간이고, 어깨걸이 스텝에서는 여성을 한 바퀴 반회전시키기 위해 밀어주는 순간이다.

남성들이 5.6.발의 스텝에 자기발을 신경 쓰느라고 손을 빨리 내려 버리는 경향이 있는데, 그럼 여성이 회전을 제대로 못하고 불편하다. 여성이 회전할 때는 여성 머리위를 보면서 손은 회전을 도와 주면서 들고 있다가 1.2.발에 천천히 내려 주면 된다.

● 세 번째 6박자

좌비켜 스텝 리드 손동작을 하면서 마무리 하면 된다. 좌비켜 스텝을 한 가지만 할 때는 잘 되던 리드가 여러 가지 스텝들이 연결되어 있는 스텝에서는 연결이 쉽지는 않다. 어깨걸이 기술은 스텝이나 리드손동작이 어렵지는 않으나 실전에서 파트너 리드가 쉽게 되지를 않는다.

여성의 스텝을 이해하고, 발폭을 잘 맞춰주면서 양손을 쓰면서 여성의 회전도 도와줘야 하고 신경 쓸 일이 많다 보니 1, 자꾸 발폭 조절이 안 되서 자꾸 꼬이고, 2 왼발 오른 발도 못 맞추고, 3 붙혔다가 걷는 스텝을 해야 되는데 안 붙이고 나오고, 4 여성이 회전을 하면 직진 모으는 스텝을 해야 하는데 좌비켜를 하는 등등 동시 다발 적으로 많은 부분을 꼼꼼하게 신경써야 하는 고난이도 기술에 속한다. 쉽게 금방 익혀지는 기술이 아니라서 실전에서 능숙하게 하려면 많은 훈련이 필요하다.

(3) 하나, 두울

- **손동작:** 오른손을 왼쪽 갈비뼈 앞에 위치한다.
- **스텝:** 좌비켜 스텝을 한다. 이때 여성과 최대한 가깝게 90도 스텝을 한다. 여성과 멀어지면 자세도 망가지고 불편하다.

(3) 1.2. 스텝

(3) 세엣, 네엣

- **손동작:** 리드손을 오른쪽으로 수평 이동한다.
- **스텝:** 여성이 지나가기 편하게 살짝 뒤로 비키는 스텝을 한다.

(3) 3.4. 스텝

(3) 다섯, 여섯

- **손동작**: 리드손을 여성머리 위로 넘겨 회전을 도와준다.
- **스텝**: 삼각형 집으로 오른발이 들어와서 피벗턴을 한다.

(3) 5.6. 스텝

마무리 하나, 두울

여성은 1.2. 스텝에 마무리가 되기때문에 집구간 1.2. 스텝까지 배려해서 보내준다.

마무리 1.2. 스텝

3. 안고 돌기 손동작

1. 남성의 안고 돌기

우리가 연습할 안고 돌기 자세는 모던 댄스에 부루스의 홀드된 자세다. 초보일 때 자세를 중요하게 여러 번 강조하는 이유는 춤을 잘 출 수 있는 지름길이기 때문이다. 단순히 멋있고 예쁘게 추기 위해서가 아니라 자세가 좋아야 리드가 잘 되기 때문이다. 그래서 댄스할때 의상을 갖춰 입고 춤을 추면 자세가 좋아지고 자세가 좋아지면 춤이 잘되기 때문에 댄스 의상을 입는 것이다.

① 댄스 자세에 핵심인 머리, 목, 척추, 꼬리뼈까지 최대한 뽑아서 늘리고, 단전에 힘을 주면서 몸에 텐션감(긴장 상태, 팽팽함)을 만들어야 된다.

② 어깨는 최대한 내리고, 가슴은 등에 힘을 줘서 내밀고, 팔은 앞으로 나란히 한 다음 팔꿈치를 벌려 큰 원을 만든다.

③ 왼손을 팔꿈치를 구부려 삼각형 프레임으로 세우고, 오른팔을 허리 높이로 넓게 벌려서 프레임을 만들면 안고 돌기 자세가 된다.

안고 돌기부터는 초급 수준이 아니라 중급 수준으로 들어간다. 그만큼 예민하고 까다로운 수준의 리드 동작이다. 안고 돌기 기술은 모던 스타일 자세인 부루스 형태로 남성과 여성이 만나서 회전하고, 프롬나드 포지션을 했다가 헤어져서 다시 마주보는 기술이다.

안고돌기에서는 부르스 자세에서 제일 중요한 몸에 프레임 만들기이다. 남성이 몸통과 팔의 형태가 잘 만들어져서 튼튼한 프레임을 만들어야지만, 여성이 편하고 안정감 있게 안고 돌기를 할 수 있다.

프레임이란 자동차, 자전거, 등의 **뼈**대나 틀이라는 뜻이고, 댄스에서 프레임
은 몸통과 팔의 자세의 폼을 말한다.

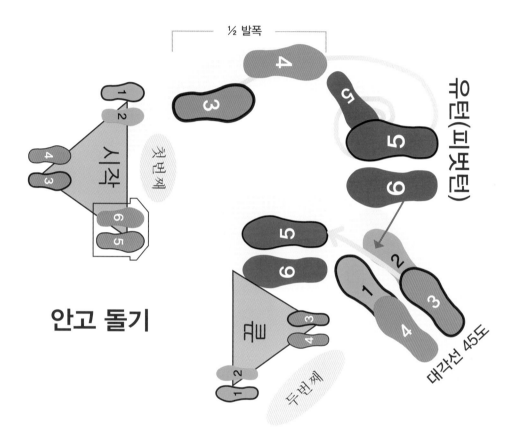

안고 돌기

첫 번째 6박자

준비 하나, 두울

- **스텝:** 항상 왼발을 먼저 움직이고 오른 발을 모았다가
- **손동작:** 리드손은 왼손을 부루스 홀드 자세처럼 동작한다.

준비 1.2. 스텝

세엣, 네엣

- **스텝:** 걸음 폭을 작게 2/1 정도 반으로 줄여서 오른발부터 걷는다.
- **손동작:** 3.스텝에서는 왼손을 뒷쪽으로 살짝 당기는 신호를 한다. 팔꿈치는 움직이지 않는다.
  4. 스텝에서는 오른손은 넓게 펴고 여성을 오른팔에 맞이하는 준비를 한다.

3.4. 스텝

다섯, 여섯

- 스텝: 피벗턴으로 유턴을 해야 한다. 좌비켜 스텝이나 제자리 돌기 스텝에서 하던 피벗턴을 오른발로 한다.
- 손동작: 오른손은 여성 얼굴 높이 정도로 마주잡고 왼손은 여성의 허리라인에 등쪽을 손바닥으로 잡고 여성과 180도 회전을 한다.

5.6. 스텝

연습할 때는 제자리 걸음처럼 연습해도 실전에 가면 발 폭이 커지기 때문에 각별히 신경 써야 한다. 3.4.발 구간은 여성과 만나서 안고 돌아야 하는 구간이라서 다른 스텝보다도 더 조심해서 익혀야 한다. 여성은 항상 하던 데로 걸어 나오기 때문에 남성이 조절해서 안아야 한다. 조절을 하지 않으면 여성과 편안히 만나서 안고 돌기를 할 수 없다. 스킨쉽이 많은 동작이라 조심조심 배려하면서 해야지 배려 없이 남성 본인만 신경 쓰고 여성을 배려하지 않으면, 여성한데 불쾌감이 생길 수 있다. 발걸음을 스몰 사이즈로 해야 한다는 것을 명심하자.

두 번째 6박자

(2) 하나, 두을

- **스텝:** 45도 대각선 좌비켜를 한다.
- **손동작:** 몸통을 45도 대각선 방향으로 회전하면서 오른팔로 여성을 180도 회전시킨다.

(2) 1.2. 스텝

(2) 세엣, 네엣

- **스텝:** 대각선으로 후진을 작게 해서 살짝 비트는 스텝을 한다.
- **손동작:** 왼손은 계속 잡고 있고 오른손은 여성이 직진을 하도록 살짝 보내주듯이 민다.

(2) 3.4. 스텝

(2) 다섯, 여섯

- 스텝: 좌측으로 45도 꺾어서 정면
  을 바라보게 된다.
- 손동작: 왼손만 잡고 있으면 된다.

(2) 5.6. 스텝

2. 안고 돌기 테이프 가이드라인

발 사이즈에 따라 10cm~20cm 크게 해도 된다. 그렇지만 다 외우고 나면
작게 연습하는 것이 좋다.

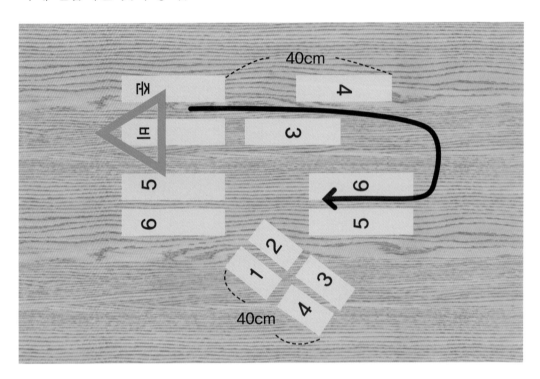

삼각형으로 시작해서 출발하고 맞은편에서 삼각형을 하면서 마무리를 하면
된다.

3. 음악 감각 몸에 익히기

음악 연습에서는 쿵짝 연습도 중요하지만 끊기지 않게 삼각 스텝과 이어가는 연결 동작도 중요하다. 그래서 처음 시작할 때 삼각형으로 시작하고 마무리 하고도 삼각 스텝을 해 줘야 된다. 느린 음악을 선택해서 발폭 조절을 잘 하면서 몸에 익힌다.

4. 안고 돌기 자세 프레임

안고 돌기는 스텝도 중요하지만 몸통과 팔의 틀을 훈련하는 것이 훨씬 중요하다. 여성을 손으로만 리드하는 게 아니라 몸동과 팔로 리드한다는 것을 명심하고 프레임 자세를 만들어서 스텝 연습을 같이 한다.

5. 안고 돌기 리드 손동작

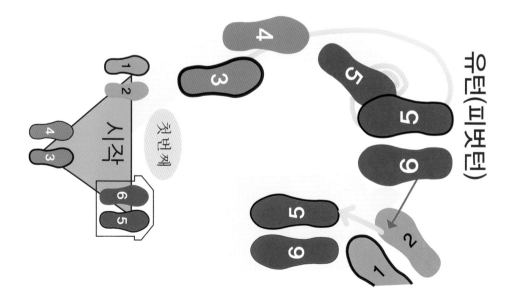

첫 번째 6박 리드 동작

하나, 두울

- **손동작**: 1.2. 스텝 남성 왼손과 여성 오른손 손바닥끼리 맞잡아 부루스 모양으로 잡는다.
- **스텝**: 왼발 스텝을 왼쪽으로 하면서 준비 스텝을 한다.

1.2. 스텝

세엣, 네엣

- **손동작**: 3. 스텝 리드 왼손을 살짝 당겨서 신호를 회전한다는 신호를 준다.
- 4. 스텝 여성을 오른팔 프레임으로 들어오게 하고, 손은 여성 등 허리쪽을 안는다.
- **스텝**: ½ 발폭으로 스몰 스텝을 하면서 직진을 한다.

3.4. 스텝

다섯, 여섯

- **손동작**: 양손으로 홀드하고 여성과 같이 유턴하듯이 방향을 180도 회전한다.
- **스텝**: 5. 스텝 여성을 안고, 피벗턴을 한다.
- 6. 스텝 여성이 오른팔에 안겨 반대편을 보게 된다.

5.6. 스텝

두 번째 6박 리드 동작

안고 돌기에서 손동작은 몸통과 팔의 프레임을 이용해서 리드해야 한다. 대각선으로 스텝하는 이유는 몸을 회전시켜서 팔프레임으로 여성을 회전시키기 위해서이다.

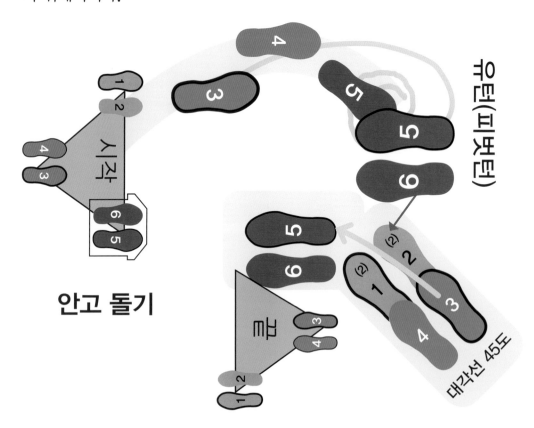

안고 돌기

(2) 하나, 두울

- **손동작**: 여성을 피벗턴 회전 시켜 프롬나드 포지션을 만든다.
- **스텝**: 몸을 회전시켜 45도 대각선 좌비켜 스텝을 한다.

(2) 1.2. 스텝

(2) 세엣, 네엣

- **손동작**: 오른팔 프레임으로 여성이 똑바로 직진스텝을 하도록 허리를 밀어보내 준다.
- **스텝**: 대각선으로 살짝 후진 스텝을 한다.

(2) 3.4. 스텝

(2) 다섯, 여섯

- 손동작: 왼손은 잡은 채로 마주보
  게 된다.
- 스텝: 여성과 거리 조절을 하면서
  여성 앞쪽에 서면 된다.

(2) 5.6. 스텝

마무리 하나, 두울

여성의 스텝이 마무리가 1.2. 스텝이
기 때문에 남성은 여성을 배려해서
1.2. 스텝까지 여성을 집구간에 잘
들여보내 줘야 6박자 패턴이 잘 유
지될 수 있다.

마무리 1.2. 스텝

여성 지루박 기초
- Ⅰ단계

여성 지루박 6박자의 기본 원칙과 여성의 바른 자세, 지루박 스텝할 때 주의사항을 알아본 후 여성 기본 스텝 4가지를 배워보자.

1. 전후진 스텝(기본 베이직)
2. 좌로 돌기 스텝
3. 우로 돌기 스텝
4. 한바퀴 돌기 스텝

여성은 남성의 리드 능력에 따라 춤을 추게 되는데, 이때 여성이 기본기가 튼튼해야지만 남성의 다양한 기술을 받아 줄 수가 있고, 아름다운 춤을 출 수가 있다. 사교댄스는 남녀평등의 춤이 아니다. 남녀 불공평의 춤이다.

같은 음악에 남녀가 호흡을 맞춰서 댄스를 하지만, 남성은 주도적으로 리드를 해야 하고 여성은 수동적으로 남성에게 순응하며 리드를 받고 움직이며 추는 춤이다. 절대로 여성이 주도적으로는 출 수 없다. 이 원리를 이해하고 6박자의 원칙과 공식을 배우고 익혀야 한다.

여성의 스텝은 남성보다 훨씬 쉽고 단순하다. 그렇지만 여성은 예쁜 자세와 음악 감각이 좋아야지만, 남성의 신호를 민감하게 받아들일 수 있다. 몸에 운동감각과 음악 감각을 같이 익혀야 하기 때문에 꾸준한 연습과 훈련이 필요하다. 초급 때 기초가 튼튼해야지만 중급 때 다양한 기술과 변형된 기술을 소화해낼 수 있다.

■ 여성 지루박 6박자의 기본 원칙

지루박의 출발과 도착하는 패턴이 남성과 여성이 2박자씩 시간차가 뚜렷하게 다르다. 여성이 2박자씩 늦게 출발하고 늦게 집에 들어온다. 남성이 1.2.스텝에 출발하면 여성은 3.4.스텝에 출발이고 남성이 5.6.구간이 집이면 여성은 1.2.구간이 집이다.

	A 구간	B 구간	C 구간
남성	출발을 하는	2. 리드 신호 주는 구간	3. 남성은 집에 도착하면서 여성의 회전을 도와준다.
여성	집에 양발을 붙이고 머물러 집에 있는 도착 구간	우로 돌 왼발부터 출발해서 두발자국 걸으면서 리드를 받고 출발	B.구간 신호에 따라, 180도 회전에서 540도 까지의 회전 한다.

2 여성의 바른 자세

- 목은 굵고 길어 보이게 힘을 준다.
- 어깨는 최대한 내린다.
- 배는 단전에 힘을 주고 당긴다.
- 팔꿈치는 자연스럽게 구부린다.
- 손은 허리 높이에 위치하고 연필 잡은 손처럼 감아쥔다.
- 허벅지는 벌어지지 않게 걷는다.
- 무릎은 최대한 펴있는 모습을 유지한다.
- 발은 11자 모양으로 가지런히 붙여 걷는다.

❸ 지루박 스텝할 때 주의사항

① 머리가 흔들리면 안 된다. 거울을 보면서 머리가 흔들리는 체크를 하거나 머리에 수건 같은걸 얹어 놓고 연습하는 것이 자세에 좋다.

② 시선을 앞을 보고 연습한다. 맨 처음에는 가이드라인을 봐야 해서 땅을 봐야 하지만, 빨리 머릿속에 외우고, 그 다음부터는 시선을 정면을 보는 훈련을 해야 한다.

③ 손을 아래로 내리지 않는다. 여성의 양손은 문에 손잡이처럼 허리 높이 고정되어 있어야 한다. 그래야 남성이 리드할 때 용이하게 손을 잡고 리드할 수 있다.

④ 무릎을 구부리면서 걷는 경우가 많다. 초보 때는 리듬을 타기가 쉽지 않거나, 흥이 생기면 무릎을 굽신 거리며 춤을 추는 경우가 많다. 사교댄스에서 걸음거리는 머리가 흔들리지 않고, 도도해 보이게 턱을 살짝 들고, 무릎을 최대한 피고 걷는 게 예쁘다. 그래야 무릎 관절에도 무리가 가지 않고, 예쁘고 건강하게 춤을 출 수가 있다.

⑤ 발바닥 전체를 이용해서 땅을 쓸 듯이 다닌다. 사뿐사뿐 걷기 위해 까치발을 걷는 경우가 있는데 사교댄스에서 까치발은 바운스가 생겨 몸이 흔들린다. 몸에 중심을 발뒤꿈치까지 실어서 걷는다.

❹ 여성 기본 스텝 4가지

① 전후진 스텝(기본 베이직)

② 좌로 회전 스텝(180도 회전)

③ 우로 돌기 스텝(180도 회전)

④ 제자리 회전 스텝(360도 회전)

1. 전후진 스텝(기본 베이직)

여성 지루박 댄스 기초에서 제일 중요한 전후진 스텝이다. 베이직 스텝이 잘 되면 다른 스텝 들이 쉬워진다.

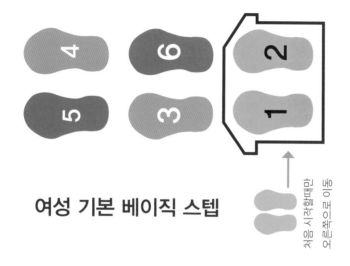

여성 기본 베이직 스텝

처음 시작할때 : 왼발
어른쪽으로 이동

2박자씩 구간 설명

1.2. 스텝	3.4. 스텝	5.6.스텝	(2) 1.2.스텝
여성은 A 구간을 정확히 지켜서 예쁘게 모으고 서 있는 것이 제일 중요하다.	왼발부터 전진하는 구간이다.	후진을 하거나 직진을 하거나 180도, 360도, 540도, 회전을 한다.	후진해서 발을 예쁘게 11자로 붙여 모은다.

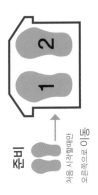

준비
처음 시작할때만
오른쪽으로 이동

1.2. 스텝

오른쪽 옆으로 이동하는 오른발 부
터 스텝은 처음 시작할 때만 있고 끝
날 때까지 옆으로 가는 스텝은 없다.

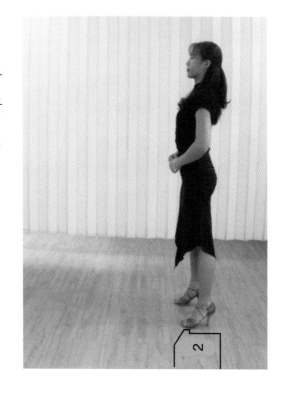

여성의 기본 스텝의 원칙은

'쿵'은 왼발

'짝'은 오른발이다.

그래서 항상 왼발부터 스텝한다고
외운다.

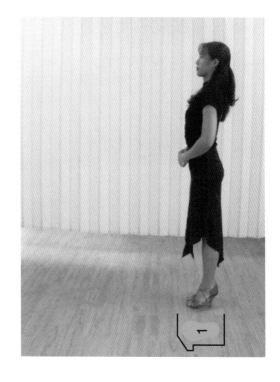

3.4. 스텝

3.4. 스텝구간은 항상 왼발부터 걷는 직진 구간이다.

3.4. 스텝 구간에는 회전이 없는 게 여성지루박의 원칙이다.

5.6. 스텝

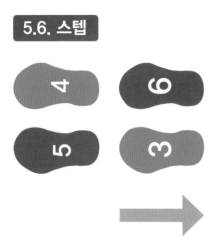

5. 스텝은 왼발을 모은다.

6. 스텝은 뒤로 후진한다.

기본 베이직 전후진 스텝이 잘되면
여성의 모든 스텝이 쉬워진다.

(2) 1.2. 스텝

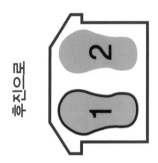

후진으로

왼발부터 후진하여 발을 모은다

1.2. 스텝 구간에 집그림을 그려놓는 이유는 항상 들어가야 하는 곳이고 머물러있는 곳이라는 개념으로 연습한다.

집에 꼭 들어가지 않으면 6박자가 지켜지지 않는다.

가이드라인 테이프 사진

개인 발사이즈에 맞혀 조절해서 붙힌다.

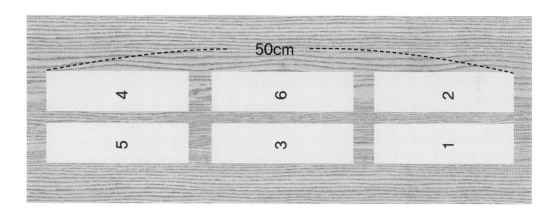

사진처럼 15cm로 6장을 만들어 붙여 연습한다.

개인 발사이즈에 따라 발폭을 조정해서 붙혀도 되지만 크지 않게 연습하는 것이 좋다.

처음에 스텝을 정확하게 한발 한발 균일하게 발폭을 조절하면서 연습하면서 습관을 잘 만들어 나야 평생 춤을 예쁘게 잘 출 수 있다.

하루에 20분씩 2주 정도는 카운터를 구령하면서 연습을 해서 몸에 완전한 습관을 들이는 게 중요하다. 그래야지만 몸에 운동 감각과 음악 감각이 생긴다.

바른 자세로, 몸은 흔들리지 않고, 고개를 들고, 시선은 정면을 보고, 허벅지는 붙이고, 무릎은 쭉쭉 펴고, 발은 11자로 바닥을 브러시하며 걷거나 붙여서 모은다.

2. 좌로 돌기 스텝

여성 지루박에서 가장 많이 쓰이는 스텝이다. 쉽게 설명하면 계속 왔다 갔다 하는 스텝이다. 마주보고 있던 남성이 내 앞에서 비켜서면 여성은 지나가서 맞은편에 서 있으면 된다. 앞으로 전진하다가 반 바퀴 180도만 좌측으로 돌아, 맞은편에 가서 남성과 마주보고 서 있으면 된다.

카운터 박자 연습

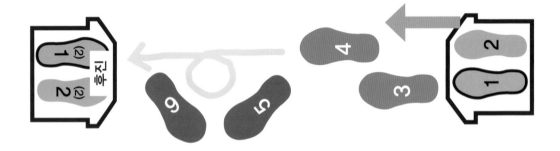

3.4. 스텝

3. 스텝 왼발부터 출발하여 걷는 스
텝을 한다.

4. 스텝 까지는 전진이다.

5. 스텝

왼발부터 좌측으로 45도 회전하며
걷고, 오른발은 90도 회전하며 걷
는다.

6. 스텝

오른발 각도와 몸통의 각도는 90도
정도로 회전한다.

(2) 1. 스텝

왼발부터 후진으로 모으고 서 있
는다.

(2) 2. 스텝

집구간에서는 항상 남성을 쳐다보
고 있는다.

가이드라인 테이프

개인 발사이즈에 맞춰 가감해도 된다.

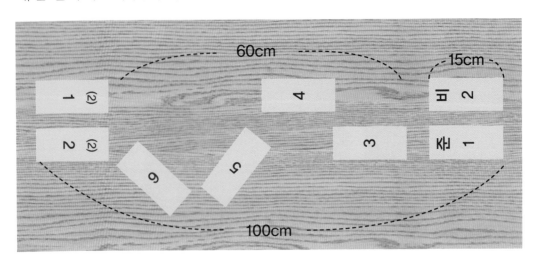

여성의 발 사이즈가 보통 225~250mm 정도이다.

개인마다 차이가 있지만 1미터 이내에서 연습하는 것이 적당하다.

모양이 잘 외워졌으면 기본 베이직 스텝과 병행해서 연습한다. (예, 기본 베이직 1~2번 + 좌로돌기 스텝을 반복하면서 연습한다.)

매일 20분씩 일주일 이상은 연습해서 습관을 잘 들인다.

3. 우로 돌기 스텝

직진으로 걷다가 마지막 1.2.구간에 우측으로 회전을 해서 남성을 보면서 하면 된다.

카운터 박자 연습

입으로 소리를 '하나', '둘', '셋', '넷', '다섯', '여섯' 구령을 하면서 연습한다. 소리내면서 연습하는 것이 효과가 좋다.

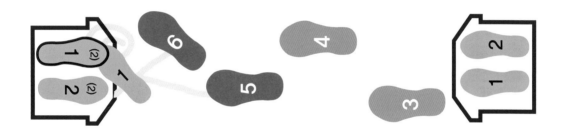

3. 스텝

항상 왼발부터 걷는다.

4. 스텝

오른발도 직진이다.

5. 스텝

직진 형태에서 오른발만 살짝 45
도 오른쪽 각도로 걷는다.
우로돌기 스텝은 5,6의 회전량이 거
의없다.

6. 스텝

6. 스텝에서는 45도 정도 우측으
로 회전한다

(2) 1. 스텝

피벗턴으로 회전하는 것이 정확하
고 예쁘다.

(2) 2. 스텝

회전이 끝나서 남성과 마주보면
된다.

마무리 1.2.스텝은 왼발을 피벗턴을 해서 오른발을 붙인다.

가이드 라인 붙이기

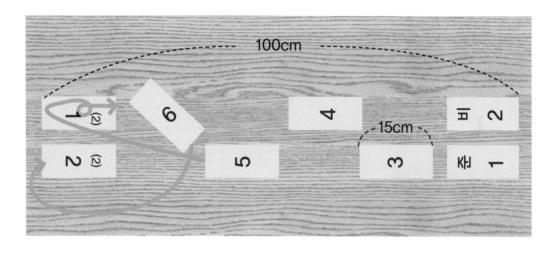

사교댄스는 스텝의 간격이 중요하다. 일정한 간격으로 스텝을 해야 하고, 처음에는 1m 간격으로 하고 나중에는 실력이 좋아지면 간격을 차츰 줄이면서 익힌다.

① 15CM 6장으로 바닥에 5cm 간격을 띄어서 붙여 놓는다.

② 한발 한발 간격을 잘 유지하면서 연습한다.

③ 눈 감고도 왼발 오른발 순으로 스텝이 가능하면, 양쪽 방향으로도 연습한다.

④ 연습할 때 기본 베이직 스텝 전후진 스텝을 같이 병행한다.

전후진 기본 스텝과 우로 돌기 스텝을 한 번씩 병행하면서 연습한다,

그래야 실전에서처럼 연결을 하는 연습을 할 수 있다.

실전에서는 베이직 전후진 스텝을 항상 하고, 여러 가지 스텝을 하면서 계속 연결을 한다.

4. 한바퀴 돌기 스텝

여성의 제자리돌기에서 오른쪽 시계 방향으로 피벗턴이 사용된다.

내츄럴 피벗턴이 잘되어야 춤이 예쁘고 쉬워진다.

카운트 박자 연습

연습할 때 반복 연습하려면 어지럽다.

연습할 때는 기본 베이직인 전후진 스텝과 병행하는것이 실전처럼 연습하는 거고, 어지러운게 덜하다.

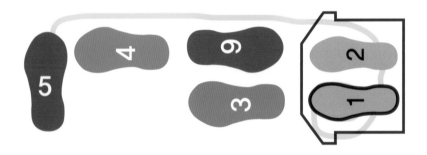

셋 – 왼발 출발	다섯 – 왼발이 90도 회전해서 걷는다.	(2)하나 – 왼발로 피벗턴을 한다.
넷 – 오른발 걷는다.	여섯 – 오른발이 90도 회전해서 걷는다.	(2)둘 – 오른발은 따라가서 붙힌다.

기본 베이직 스텝 전후진을 몇 번 하다가 한 바퀴 돌기 스텝을 하고 다시 전후진 스텝을 한다. 두 가지 스텝이 다른 거는 5.6.발에 모양만 다르다. 여성 춤의 형태는 5.6.발에서 결정되고 나머지 스텝은 똑같다고 보면 된다.

마무리

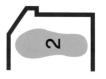

1.2.스텝은 왼발을 피벗 턴을 해서
오른발을 붙힌다.

3. 스텝

왼발 전진스텝을 한다.

4. 스텝

오른발도 전진스텝이다.

5. 스텝

여성 제자리 돌기 스텝은 왼발을
90도 회전해서 걷고 오른발도 90
도 회전한다.

6. 스텝

원래 자기집을 찾아가듯이 90도 회
전을 한다.

(2) 1. 스텝

왼발로 피벗턴(180도)을 하고 오른
발은 모은다.

(2) 2. 스텝

왼발중심으로 돌 때 오른발을 모으
면서 남성을 마주보면 된다.

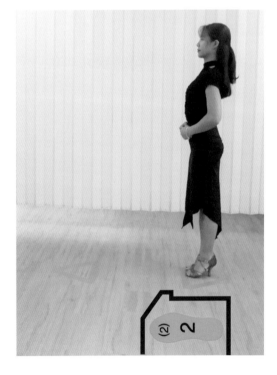

마무리 1.2.스텝은 왼발을 피벗턴을 해서 오른발을 붙인다.

한바퀴 돌기 가이드라인

한바퀴 돌기라 하면 원을 그리며 돌거나 제자리에서 도는 걸로 생각하기 쉽다. 지루박에서 여성 돌기는 전진스텝을 하다가 90도로 회전하는 걸음 2번 걷고 집 구간에 들어와서 180도 피벗턴을 해야 정확한 위치와 거리를 유지하면서 춤을 연결할 수 있다. 그림에 가이드라인을 만들어서 정확한 형태로 연습한다. 발사이즈에 따라 길이 조절은 15cm에서 20cm까지 조절해도 괜찮다 초등학생 글씨 연습처럼 일단은 길이를 적당한 크기로 연습하고 나중에 발 폭을 줄여 작게 걷는 것이 예쁘다. 회전스텝이 잘되려면 가이드라인을 만들고 연습해야 예쁘고 정확하다.

연습 방법

돌기 연습만 하는 것보다는 기본 전후진 스텝을 2번 하고 돌기스텝 1번을 번갈아 가면서 연습해야 덜 어지럽다. 실전에서도 돌고 나서 어지럽더라도 바로 기본스텝을 이어서 해야 한다.

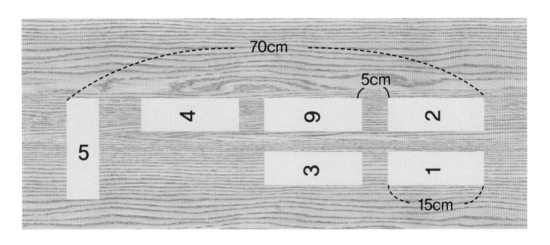

 1.2. 구간 제자리로 찾아가야 여성돌기 스텝이 깔끔하다.

음악 연습하기

1. 전후진 스텝의 음악 연습, 2. 좌로 돌기 음악 연습, 3. 우로 돌기 음악 연습, 4. 제자리 돌기 음악 감각을 연습훈련 한다.

1 전후진 스텝(기본 베이직)음악 연습
2 좌로 돌기 음악 연습
3 우로 돌기(내추럴 피벗턴) 음악 연습
4 제자리 돌기 음악 연습

노래를 잘 부르려면 연습을 많이 하거나 많이 불러 봐야 된다. 춤도 우리 몸이 자연스럽게 음악 감각이 만들어져 잘 추려면 노래 잘하는 것처럼 열정과 시간이 있어야 한다. 하루아침에 몸에 운동 감각과 음악 감각이 좋아져서 몸이 부드럽게 춤을 잘 추게 되지 않는다.

음악은 카바레에서 나오는 음악이나 자기 적성에 맞는 4/4 박자 대중가요를 6/4박자로 카운터 하면 된다. 쿵짝 2박자를 무조건 6박자로 카운트하면서 연습하면 된다.

본인이 박자만 정확히 맞출 수 있는 음악이면 된다. 음악 박자 맞추기는 박수를 많이 쳐보면 알 수 있다. 대부분의 사람들이 '쿵''짝''쿵''짝' 네 박자에 '쿵'에만 박수를 2번치기 때문에, 박수 한 번에 쳤을 때 '쿵' '짝' 두 박자 두 걸음을 2번 걸으면 네 박자가 된다. 지루박은 6박자로 배우지만 '쿵짝' '쿵짝' '쿵짝'이 3번 반복되는 게 6박자고 '쿵짝' '쿵짝' 2번 반복되는게 4박자다. '쿵짝'만 잘 들을 줄 알면 4박자든 6박자든 상관없이 '쿵짝'에만 맞춰서 춤을 춘다. 음악에 맞춰서 스텝연습 20분 ~30분 정도 매일 매일 하면 실내에서 유산소 운동으로 최고이다

초보 때 빨리 스텝을 많이 외우고 연습하는 것보다 자세를 반듯하게 머리부터 발끝까지 꼼꼼하게 천천히 연습하는 것이 나중에 슬럼프에 빠지지 않고, 실력 있는 행복한 댄스인이 되는 지름길이다. 무도장에서는 얼마나 바른 자세로 멋있고 예쁘게 추는 실력에 따라 춤을 즐길 수 있지, 대충 배워서 추는 사람들은 인기가 없고, 본인도 자신감 있게 춤을 즐기지를 못한다. 사교댄스는 단순하게 나 혼자 대충 흉내 내면서 춤을 추려고 하면 나중에 파트너한테 민폐가 될 수도 있고, 사람들과 어울려서 춤을 출 때 소외당하고 여러 가지 어려움이 생겨서 슬럼프에 빠질 수도 있다. 느리더라도 바른 자세의 습관을

들이는 것이 사교댄스 잘 배우는 지름길이라는 것을 지금 이 책으로 배우시는 분들은 꼭 명심하기 바란다.

❶ 전후진 스텝(기본 베이직)음악 연습

음악 연습에서 제일 중요한 점은 단순한 동작을 무한 반복하는 것이 춤의 습관을 잘 만드는 최고의 지름길이다. 기본 베이직 스텝만 반복해서 음악 연습을 하는 것이 음악 감각이 몸에 잘 생긴다. 머릿속에서 어렵고 복잡한 걸 많이 생각하면서 음악 연습을 하면, 잘 맞춰지지 않고 스트레스를 받아 몸이 음악이 어렵다고 느낄 수 있다.

기본 베이직인 전후진 스텝을 많이 연습해서 음악이 잘 맞춰지면 다른 스텝으로 넘어간다.

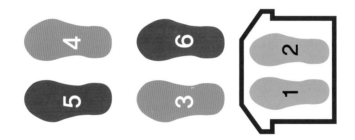

음악 연습 방법

① 하루에 지루박 음악 3곡~5곡 정도를 매일 매일 일주일 이상 바른 자세로 연습한다.(거울보고 연습하는 습관은 바른자세를 만들 수 있다.)
② 음악이 나와도 카운터를 구령하면서 '하나', '둘', '셋' '다섯' '여섯' 말을 하면서 연습한다.

② 좌로 돌기 음악 연습

여성들은 방향 감각이 남성만큼 발달되어 있지 않다.

좌로 돌기란 좌회전(왼쪽) 방향으로 180도 돌아 걷는 스텝이다.

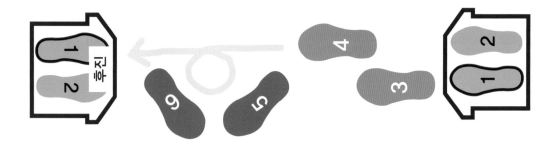

① 좌로 돌기 스텝이 양쪽 방향에서 헷갈리지 않고 잘되면 음악 연습을 한다. 음악 연습을 할 때에도 좌로 돌기만 하면 어지럽다. 또 실전처럼 연습하려면 양쪽 방향에서 기본 베이직 전후진 스텝을 한 번이나 두 번 정도 하고 좌로 돌기를 한다. 좌로 돌기 스텝도 몸에 완전히 배려면 혼자서 일주일에 20분 이상씩 하는 게 좋다.

② 처음 초보일 때는 파트너와 춤추는 것은 운전 도로 주행을 처음하는 것만큼 진땀나고 잘 안 된다. 그래서 음악 연습을 혼자 아무리 많이 해도 처음부터 완벽하게 잘할 수는 없다. 꾸준히 연습해서 6박자가 완전히 몸에 습관처럼 익혀지는 것은 초보 운전자가 베스트 드라이버가 되는 것만큼 시간이 필요하다.

③ 막상 파트너하고 연습할 때 6박자 원칙이 잘 지켜지지 않고 출발하는 B.구간에 걷지 않고, 미리 돌아버리거나 집에 도착하는 A. 구간에 모았다가 출발하지 않고 빨리 출발하는 경우등등 급한 마음에 6박자를 다 채우지 않고 움직이는 경우가 많다. 방지하기 위해서 카운터를 구령하면서 연습한다.

❸ 우로 돌기(내추럴 피벗턴) 음악 연습

댄스에서 방향 설명을 할 때 **시계 방향을 내추럴 방향**이라 하고 **시계 반대 방향을 리버스 방향**이라고 한다. 내추럴 피벗턴이란 여성의 발을 모으는 A.구간에서 왼발로 오른쪽 방향으로 2/1회전 피벗턴을 말한다. 피벗턴이 잘 돼야 음악이 잘 맞고 예쁘다.

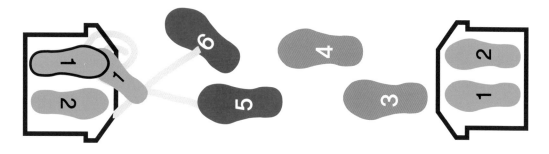

① 피벗턴은 바닥이 미끄러워야 잘 된다. 미끄럽지 않은 곳에서 미끄럽지 않은 신발을 신고 연습을 하면 발목관절이나 무릎관절에 무리가 생겨 위험하다. 반드시 미끄러운 곳에서 부드럽게 연습해야 한다.

② 피벗턴 연습이 잘되고 양방향에서 우로 돌기가 헷갈리지 않고 잘되면 음악연습을 한다.

③ 실전에서처럼 기본 베이직 전후진 스텝하고 같이 병행하면서 음악 연습을 한다.

전후진 스텝 한 번이나 두 번 정도하고 우로 돌기 한 번, 맞은편에서도 전후진 스텝 한 번, 우로돌기 스텝 한 번을 음악에 맞춰서 반복하면서 운동처럼 하면 음악 감각이 점차 좋아진다.

나쁜 자세 체크 포인트 3가지

전신 거울이 있는데서 연습을 해야 한다.

첫 번째 – 고개와 시선

맨 처음 가이드라인을 보거나 땅을 보고 연습하던 것이 습관이 되어 버리면 나중에 버릇을 고치고 싶어도 고개를 들고 하려면 생각이 안 나고 몸이 움직여지질 않아 고치기가 어렵다. 또 머릿속에서 생각을 할 때는 고개가 저절로 숙여져서 고개하나 반듯하게 습관을 들이는 것이 쉽지가 않다. 본인이 중요하게 명심하고 고개를 들고 연습한다.

그래도 잘 안 고쳐지는 분들은 눈을 감고 연습하거나 고개를 들고 천장을 보고 연습하면 교정하는데 도움이 된다.

두 번째 – 손

손은 파트너와 호흡을 맞추는 중요한 소통의 수단이다. 처음부터 바른 자세로 손도 습관을 잘들여나야 자세도 예쁘고 춤도 잘 출 수 있다.

처음에는 스텝을 중요하게 연습하기 때문에, 손은 신경을 쓰지 않고 축 늘어진 상태로 연습하다 보면 버릇이 된다.

항상 준비된 상태로 처음부터 습관을 들여놔야 된다. 나중에 습관들이기가 쉽지 않다. 달리기할 때처럼 팔꿈치를 구부리고 손은 살짝 내려서 배꼽 쪽으로 양손이 허리 쪽에 있으면 된다.

세 번째 – 무릎

처음 춤을 배우는 분들 대부분이 무릎을 많이 구부렸다가 폈다 하는데 나쁜 습관이다. 사교댄스에서는 무릎이 구부러진 모습은 거의 보이지 않고 머리가 흔들리지 않을 정도로 연습해야 멋있고 예쁘다.

초보 때 음악 연습은 단순하게 하는 것이 몸에 음악 감각이나 운동신경이 좋아지는 지름길이다. 단순한 걸 반복해서 몸에 습관을 잘 들이자. 기본 베이직 스텝이 잘 되면 다른 스텝들이 쉬워진다. 차도 직진 보다는 후진이 어렵듯이 춤에서도 직진 회전보다 후진 스텝이 습관들이기가 생각만큼 몸이 잘 움직여지지 않는다. 혼자서 연습 훈련이 충분히 잘 되어 있지 않으면 남성 앞에서 호흡 맞출때 잘 되지 않는다. 더욱이 남성과 여성이 기본 베이직의 형태가 완전히 다르기 때문에 혼자서 눈감고도 기본 베이직 스텝이 저절로 나올 정도로, 아님 전화를 건다든지 TV를 보면서도 스텝이 생각하지 않아도 몸에서 자연스럽게 나올 정도로 연습해야 한다.

몸이 기억하게 외우자

① 처음 배울 때 스텝 하나를 2주 정도 꾸준히 음악 맞춰 연습해두면 평생 안 잊어버리게 몸에 습관을 들일 수 있다. 금방 머리로 외운 것은 시간이 지나면 잊어버려서 다시 배워야 한다. 반드시 몸이 습관 훈련을 2주 이상 하는 것이 좋다.

② 하루에 운동 삼아 음악 맞춰서 30분씩 일주일은 전후진 스텝을 연습한다. 머리로 6박자 외우는 것은 10분이면 되지만, 몸이 평생 기억하는 멋있는 춤이 되려면 일주일 정도 30분씩 음악에 맞춰 즐겁게 연습한다. 물론 다른 스텝을 같이 연습하는 것도 좋으나 기본 베이직 전후진 스텝 위주로 연습해서 훈련이 잘 되어 있으면 다른 스텝들은 아주 쉬워진다. 기본 베

이직 스텝이 제일 어렵고 중요하기 때문에 꼭 많이 연습하길 강조한다.

③ 혼자서 음악 맞춰서 연습할 때에도 카운터 박자 구령을 하면서 연습하는 게 숨도 차고 훨씬 힘들 수 있으나, 6박자 구령을 하면서 연습하는 것이 몸에 학습도 빨리 되고, 파트너하고 호흡을 맞췄을 때 본인 스텝을 틀리지 않고 6박자 정확히 할 수 있고 파트너와도 호흡을 정확히 맞출 수 있다. 혹시 나중에라도 파트너와 연습할 때 내발이 자꾸 꼬이고 6박자를 못 맞춰 걸을 때는 카운터 구령 연습을 다시 하기 바란다.

❹ 제자리 돌기 음악 연습

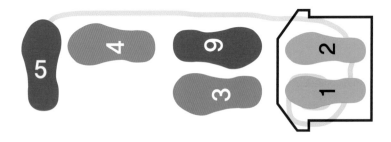

① 사교댄스에서 여성은 회전이 대부분이다. 남성도 회전을 하지만 남성이 회전하는 것은 10%도 안되고 대부분 여성이 주로 한다. 그래서 여성의 회전이 예쁘지 않고 정확한 스텝으로 거리 유지가 안 되면, 호흡이 잘 맞지 않아 지루박 춤이 별로 재미 없고 어지럽기만 하고, 화려한 예쁜 기술들을 소화할 수 없게 된다. 일단 기본적으로 한 바퀴 돌고 나면 원래 집구간의 위치로 돌아가 있어야 한다.

② 음악 연습할 때는 기본 베이직 전후진 스텝을 여러 번하고 제자리 돌기 스텝을 한 번 하는 식으로 연결해서 음악 연습한다. 집구간의 위치는 변하지 말아야 한다.

③ 연습할 때 고개를 숙이고 연습하면 자세도 안좋고, 어지러움도 심해진다. 고개는 주의해서 들고 시선은 몸통과 발에 각도에 따라 정면을 보고 음악 연습을 한다.

④ 한 바퀴 돌기 스텝은 자체는 어렵지 않다. 다만 몸이 회전을 하다 보니, 어지럽고 방향 감각을 잘못 잡아 거리 조절이 잘 안 되서 원래 자리로 오지 않거나 몸에 중심을 잃어 박자 놓치기가 쉽다. 또 어지럽다 보니 다음 동작을 바로 연결할 때 몸이 마음대로 움직여 지질을 않아서 박자를 놓치기도 한다. 그래서 많은 훈련을 해야지만 틀리지 않고 춤을 출 수가 있다.

여성 손동작
(파트너와 연습하기)

여성의 손동작은 남성의 리드에 따라 움직인다. 여성의 주관대로 움직이지 않고 남성의 리드 신호에 따라 90% 이상 동작해야 호흡이 맞는 춤을 출 수 있다.

1 전후진 스텝 손동작(처음 시작하는 방법)

2 좌로 돌기 손동작

3 우로 돌기 손동작

4 제자리 돌기 손동작

5 남성이 회전 할때 손동작

6 종합 연습 5가지

지루박에서 여성 춤의 장점은 여성은 크게 어렵지 않는 기본 스텝 몇 가지
만 잘 숙달시켜 놓으면, 남성이 리드하면서 즐겁게 춤을 출수 있게 리드해
준다는 게 매력이다.

① 여성은 양손의 기본 높이는 허리높이 위치에 있어야 한다. 그래야 남성이
　 필요한 손을 바로 바로 잡으며 리드할 수 있다.

② 여성은 어떤 손으로 춤을 출건지 선택할 권한이 없다. 그냥 남성이 리드
　 하기 편하게 준비자세로, 문에 있는 손잡이처럼 양손을 준비하고 있으
　 면 된다.

③ 원래 여성은 춤의 형태나 순서는 모르고 남성의 6박자마다 **B.구간**에 주
　 는 신호를 받고 **C. 구간**을 회전하거나 움직이면 된다. 여성이 미리 짐작
　 대로 생각해서 움직이면 남성과 생각을 맞추기 어려워 호흡을 맞춰 춤을
　 출 수가 없다. 몸에 익혀진 기본 스텝과 남성이 리드하는 신호를 가지고
　 움직이면서 춤을 춰야 한다.

④ 시작할 때나 틀려서 다시 시작할 때도 춤을 멈추다가 다시 시작하는 것
　 도, 손의 높이까지 모든 것이 남자가 결정하고 판단하는 데로 따라줘야
　 한다. 여성이 시작을 한다든지, 틀렸다고 멈춰버린다든지 하면 안 되고
　 음악이 끝날 때까지는 남성한데 순종적으로 따라줘야 한다. 그래야지만
　 한몸처럼 호흡을 맞춰 움직일 수 있다.

⑤ 여성의 손동작은 남자에 손에 신호를 잘 전달받아서 몸을 움직이고 스텝
　 을 하면 된다.

초보일수록 불안한 마음에 손을 꽉 잡는데 여성 손이 힘이 많이 들어가 있거
나 엄지로 잡으면 남성이 불편해서 부드럽게 리드하기가 어려워진다.

남성 손바닥 위에 손을 살짝 올려 놓는다.

1 전후진 스텝 손동작(처음 시작하는 방법)

남성하고 마주보고 양손을 잡고 각자 베이직을 하는 스텝이다. 남성은 삼각 스텝을 하고, 여성은 전후진 스텝을 6박자를 맞춰서 한다. 남성이 마주보면서 아무런 손에 신호가 없이 앞에서 삼각 스텝만 하면 여성은 베이직 전후진 스텝 6박자를 계속하면 된다.

① 여성은 남성의 손바닥 위에 최대한 가볍게 양손을 올려놓는다. 어린아이의 손처럼 가볍게 네 손가락을 모아서 남자 손바닥 위에 올려놓는다. 이때 엄지는 잡지 않도록 주의한다. 엄지로 잡게 되면 남성이 편하게 리드할 수가 없어 불편하다.

② 처음 시작할 때는 남성이 여성 왼쪽 편에 양손을 잡고 있다가, 오른쪽으로 이동시키면서 출발신호를 보낸다. 이때 손하고 같이 오른발부터 움직이고 왼발은 붙이면서 A.구간에 선다.

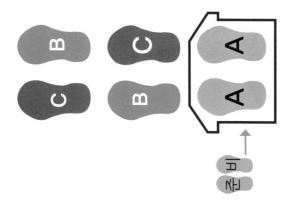

③ 그 다음부터는 왼발부터 전후진 스텝을 하면 된다.

④ 전후진 스텝을 할 때 남성이 양손을 한손으로 바꾸게 된다. 처음엔 거의 여성의 오른손을 잡게 되는데, 여성은 손을 선택할 권리가 없다. 여성은 양손을 허리높이에 처음 준비자세를 유지하고 있으면 남성이 기술에 맞

게 손을 선택하여 잡게 된다. 이때 손을 내리고 있으면 남성이 손을 찾아
다녀야 해서 불편하고 타이밍을 놓치기 쉽다. 춤이 끝날 때까지 양손은
허리 높이를 유지하다가 남성이 신호하는 데로 손을 가볍게 해서 움직여
야 한다. 그래서 혼자 음악 연습을 할 때도 반드시 바른 자세로 팔꿈치를
구부리고 손은 배꼽 위치에 있도록 연습한다.

파트너와 연습하기

준비

남성이 손을 내밀면 여성은 손을
가볍게 올려놓는다.
몸이 오른 방향으로 움직이기 때
문에 손은 왼쪽에 있다가 오른쪽
으로 움직이며 시작을 알린다.

준비

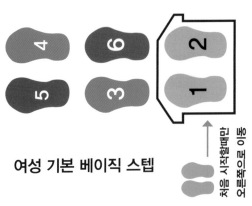

여성 기본 베이직 스텝

처음 시작할때만
오른쪽으로 이동

리드손의 오른쪽으로 움직이는 신호
를 맞춰서 오른발이 움직인다.
처음에만 오른발부터 움직인다.

1. 스텝

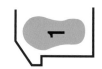

왼발이 따라가서 붙이는 스텝을
한다.

2. 스텝

세엣

왼발부터 전진스텝이다.

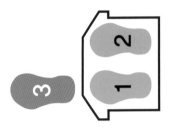

3. 스텝

네엣

오른발도 전진스텝이다.

4. 스텝

다섯

왼발을 붙이는 스텝을 한다.

5. 스텝

여섯

뒤로 후진스텝을 한다.

6. 스텝

(2) 하나

왼발이 후진한다.

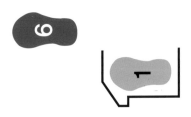

(2) 1. 스텝

(2) 두울

오른발도 후진해서 집구간으로 들어
온다.

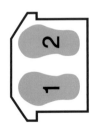

(2) 2. 스텝

❷ 좌로 돌기 손동작

좌로 돌기 스텝은 여성 지루박에서 베이직 다음으로 많이 쓰이는 스텝이다. 그래서 여성은 스텝의 원칙을 정확히 지켜야지만 남성이 다양한 리드 기술을 마음껏 편안하게 할 수 있다.

좌로 돌기 스텝 한 가지로 여러 가지 손의 형태가 생길 수 있다. 모든 손동작이 남성이 리드하기 때문에 여성은 손동작을 남성에게 맡기면 된다. 좌로 돌기 스텝은 주로 오른손을 쓰는 편이나 왼손으로 할 때도 있으니 여성은 양손을 항상 허리 높이에서 대기하며 준비하고 있어야 한다.

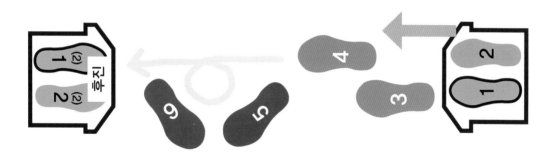

파트너와 연습하기

준비

남성이 앞에서 마주보고 있으면
옆으로 비켜설 때 까지 전후진
스텝을 하면 된다.

준비

하나, 두울

남성이 오른쪽이던 왼쪽이던 옆으로
비켜서게되면 여성은 맞은편 집에
가야된다는 것을 알아야 한다.

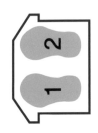

1.2. 스텝

세엣

왼발부터 전진스텝을 한다.
남성이 지나가라고 리드손을 안내하
듯이 신호를 준다.

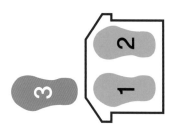

3. 스텝

네엣

4.스텝 까지는 항상 직진이다.
남성 리드손이 3.4스텝 에는 편하게
지나가라고 안내하듯이 보내준다.

4. 스텝

다섯

남성이 머리위로 손을 올려주게되면 왼쪽으로 왼발부터 45도 회전을 하면 된다

5. 스텝

여섯

오른발로도 90도 회전을 한다.

6. 스텝

(2) 하나

후진스텝으로 맞은편 집구간인 제자
리에 서면 된다.

(2) 1. 스텝

(2) 두울

남성을 보면서 베이직 전후진 스텝
으로 연결하면 된다.

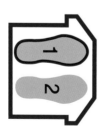

(2) 2. 스텝

❸ 우로 돌기 손동작

남성이 명확하게 신호가 없이 지나가라고 오른편으로 비켜서면 직진으로 지나가다가 마지막 도착 A구간에서 회전을 해야 한다.

A. 구간일 때에는 남성을 봐야 하기 때문에 왼발로 피벗턴을 한다.

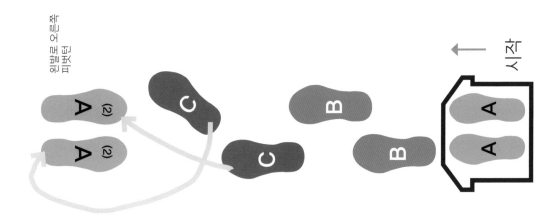

B 구간은 남성이 신호를 주는 구간인데, 비켜서기만 하고 아무신호가 없으면 C.구간까지 거의 직진을 하다가 A.구간 도착 지점에서 왼발로 피벗턴을 하면서 돌아선다.

파트너와 연습하기

하나, 두울

남성이 1.2. 스텝에서 오른쪽으로 비켜준다.

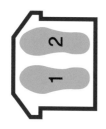

1.2. 스텝

세엣, 네엣

남성의 신호가 없어도 전진스텝으로 왼발부터 오른발까지 걷는다.

3.4. 스텝

다섯, 여섯

별다른 신호가 없으면 왼발부터 오른발까지 걷는다.

5.6. 스텝

(2) 하나

맞은편 집구간으로 들어가면서 피벗턴을 왼발로 시계방향으로 회전을 한다.

(2) 1.2. 스텝

(2) 두울

오른발도 집으로 따라 들어간다.

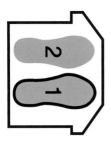

(2) 1.2. 스텝

❹ 제자리 돌기 손동작

남성의 리드에 따라 한 바퀴 돌고 원래 자리 A. 구간에 정확히 서있으면 된다.

남성이 마주본 상태에서

① 오른손을 B. 구간에서 당겼다가 C. 구간 머리 위로 넘겨주면 왼발부터 90도씩 회전하면 된다.

② 왼손을 B. 구간에서 당겼다가 C. 구간에서 고무줄 놓듯이 놓아버리면 혼자서 제자리 돌기 스텝을 하고 A.구간에서 다시 손을 잡으면 된다.

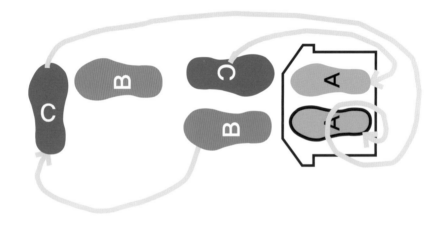

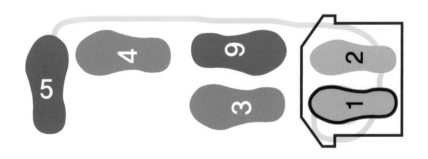

파트너와 연습하기

하나, 두울

남성이 마주보면서 아무런 신호를 주지 않으면 기본 베이직 전후진 스텝을 한다.

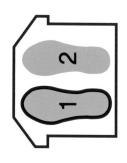

1.2. 스텝

세엣

남성이 마주서서 여성의 손을 당기면 회전하라는 신호인줄 알아야 한다.

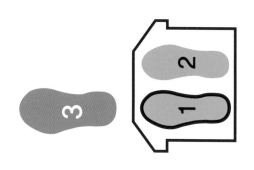

3. 스텝

네엣

4. 스텝 까지는 항상 전진을 하면서 남성의 손신호를 받고 회전을 준비 한다.

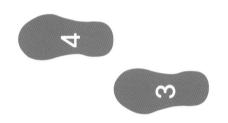

4. 스텝

다섯

여성 돌기의 종류는 여러 가지이다. 남성이 결정하기 때문에 손 높이나 방향은 남성의 신호를 따라준다. 이 구간 에서는 왼발이 90도 회전을 하면 된다.

5. 스텝

여섯

오른발을 90도 회전해서 출발했던
자리 방향으로 스텝을 한다.

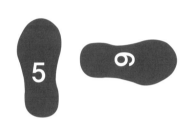

6. 스텝

(2) 하나

피벗턴을 하는 경우가 많다.
왼발로 스텝을 회전하며 180도를
돈다.

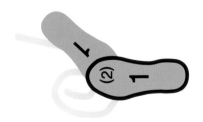

(2) 1. 스텝

(2) 두울

오른발을 모으면서 남성파트너를 보면 된다.

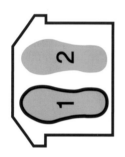

(2) 2. 스텝

⑤ 남성이 회전할 때 손동작

남성이 회전할 때는 여성은 기본 전후진 스텝을 하면 된다.

남성의 제자리 돌기 손동작은 여러 형태가 있으나 여성에게는 아무런 신호를 주지 않고 B.구간일 때 손 높이만 달라질 수 있다.

① 남성이 회전할 때는 여성의 오른손을 남성에 머리 위로 들어서 넘기면서 회전하는 경우가 있고,

② 오른손을 허리높이에서 남성에 손을 2번 바꿔가면서 회전할 수도 있다. 그러면 여성은 당황하지 말고 기본 전후진 스텝을 하면 된다.

③ 남성이 마음대로 회전을 하려면 여성이 기본 전후진 6박자 스텝을 잘해야 남성이 다양하고 멋진 회전 동작을 하면 맘껏 춤을 출 수 있다.

파트너와 연습하기

하나, 두울

이 구간에는 항상 아무런 신호가 없다.

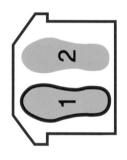

1.2. 스텝

세엣

손을 위로 올리는 동작은 여성을 움직인 리드신호가 아니다.

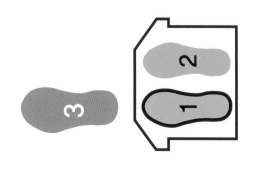

3. 스텝

네엣

여성은 당황하지 말고 기본 전진스텝을 작게 하면서 손에 힘을 주지 않는다.

4. 스텝

다섯

손에 힘을 빼야 남성이 편하게 회전을 할 수 있다.
왼발은 모은다.

5. 스텝

여섯

오른발이 후진을 한다.

6. 스텝

(2) 하나

왼발이 집구간으로 후진을 한다.

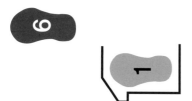

(2) 1. 스텝

(2) 두울

오른발도 후진해서 집에 들어와 붙
인다.

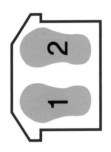

(2) 2. 스텝

6 종합 연습 5가지

여성은 스텝이나 손동작을 선택할 권한이 없다. 남성의 신호에 따라 맞춰서 스텝이나 손동작을 하면 된다.

남성의 스텝이나 손동작을 알고 맞춰서 춤을 춘다.

① 남성이 삼각 스텝일 경우 = 기본 전후진 스텝

② 남성이 좌비켜 스텝일 경우 ┌ 손을 들면 = 좌로 돌기 스텝
                                     └ 손을 계속 허리 높이면 = 우로 돌기 스텝

③ 남성이 우비켜 스텝일 경우 = 좌로 돌기 스텝

④ 남성이 삼각스텝을 하면서 손을 당길 경우 = 제자리 회전 스텝

⑤ 남성이 신호 없이 혼자 돌 때 = 기본 제자리 스텝

여성은 남성이 내 앞에 있느냐 옆으로 비켜 서있느냐에 따라서 전후진 스텝을 할 것인지 맞은편으로 갈 것인지, 크게 2가지로 나눌 수 있다.

남성이 여성 앞에서 삼각스텝을 하거나 제자리 돌기 스텝을 하면 무조건 기본 전후진 스텝이다.

남성이 좌측이나 우측으로 비켜버리면 여성은 좌로 돌기나 우로 돌기를 신호에 따라 여성의 길로 지나가서 맞은편에 서면된다.

여성 지루박 기초
– Ⅱ 단계

여성은 한 바퀴 반 돌기 스텝까지가 기본 스텝이다. 두 바퀴 돌기 부터는 변형 스텝 응용 스텝이고, 나머지는 남성의 리드에 따라 맞춰 기본 스텝을 하면서 춤을 추면 된다.

1. 한 바퀴반 회전
2. 남성이 앞뒤 자리바꿈할 때 (여성의 동작)
3. 남성이 어깨걸이 스텝을 할 때
4. 남성이 안고 돌기 스텝을 할 때

1. 한 바퀴 반 회전

제자리 돌기 360도에서 180도 회전을 더해서 맞은편에 서 있으면 540도가 된다. 오른쪽으로 한 바퀴 반을 회전하면서 걸어야 한다.

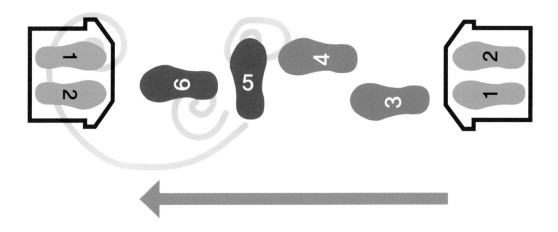

1.2. 스텝

1.2. 스텝 집에 모으는 구간이다.

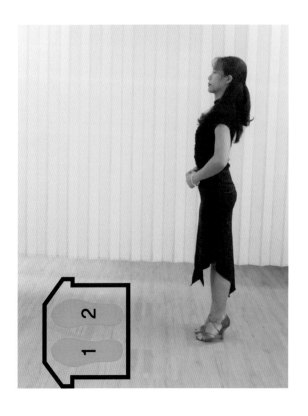

한 바퀴 반 돌기 동작

3. 스텝

왼발 3부터 출발한다.

4. 스텝

오른발을 걷는 스텝이다.

5. 스텝

왼발 5에 90도 꺾어서 스텝한다.

6. 스텝

오른발은 뒤로돌아 270도 회전스텝을 한다.

(2) 1. 스텝

맞은편 집에 도착하면서 왼발 180
도 피벗턴을 한다.

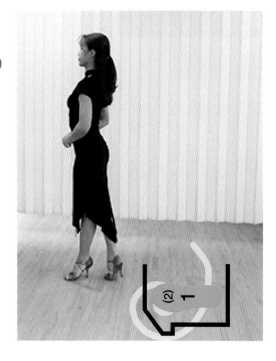

(2) 2. 스텝

오른발은 붙인다.

파트너와 연습하기

하나, 두울

한바퀴 반 회전스텝은 남성이 여러 형태로 리드한다.

제일 기본적인 형태로 연습한다.

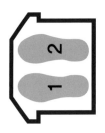

1.2. 스텝

세엣, 네엣

스텝은 당연히 전진스텝인데 남성이 손과 팔꿈치를 빠르게 리드 폈다가 역회전 시키는 신호를 한다.

3. 4 스텝

다섯, 여섯

그러면 여성은 반동을 이용해 왼발
90도 + 오른발 270도를 회전한다.

5.6. 스텝

(2) 하나, 두울

왼발 피벗턴으로 180도 회전을 하
면 한바퀴 반 회전이 완성된다.

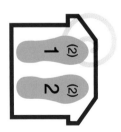

(2) 1.2. 스텝

음악 연습하기

6박자 안에 한 바퀴 반(360+180=540도)을 돈다는 것은 어려운 스텝이다.

실전에서는 남성이 도와주기는 하나 여성이 중심 잃지 않고 완벽하게 돌 줄 알아야 나도 재미있고 파트너도 멋있게 리드할 수 있다. 음악에 맞춰서 기본 전후진 스텝을 1~2번하고 한 바퀴반 스텝을 하고 바로 이어서 전후진 스텝을 하면서 연결을 한다.

실전에서는 남성의 다양한 형태로 리드를 받고 회전을 한다. 여성이 미리 알고 움직이지는 않지만 연습이 잘되어 있어야 몸이 가볍게 무리 없이 회전할 수 있다.

가이드라인 테이프

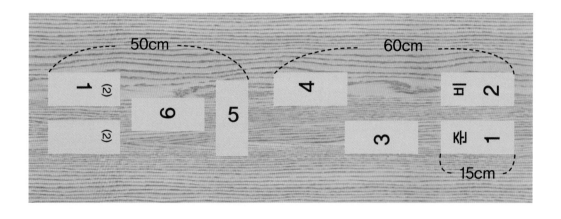

발 사이즈에 따라 길게 해도 되지만, 실전에서는 발이 커지는 경향이 있어 작게 연습하는 것이 좋다.

2. 남성이 앞뒤 자리바꿈할 때 (여성의 동작)

여성의 기본 자세에서 양손이 허리 높이에서 위치하고 있으면서, 남성이 리드해 편하게 항상 준비되어 있어야 한다.

여성은 남자가 어떤 형태의 춤을 출건지 알 필요는 없다. 여성의 지루박 동작은 오로지 남성이 주는 손의 신호로 기본 5가지 스텝들과 변형 스텝을 하면 된다. 그래서 여성의 손이 아래로 향하여 떨어뜨리고 다니면 남성이 손 찾다가 박자를 놓칠 수도 있고 리드하기가 불편하다.

여성 스텝

첫 번째 6박자 – 좌로 돌기

두 번째 6박자 – 우로 돌기

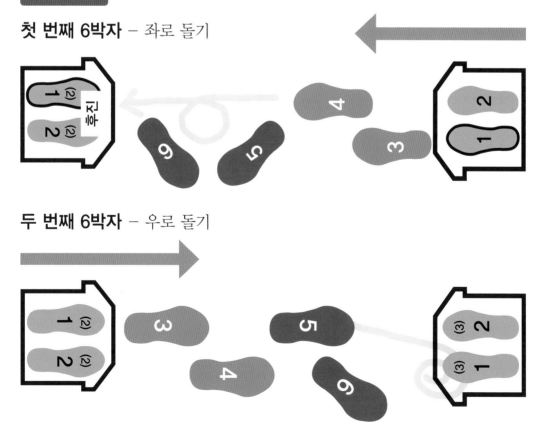

세 번째 6박자 − 좌로 돌기

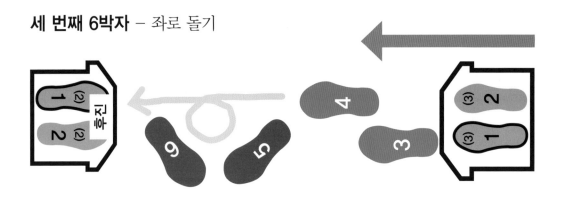

남성스텝 준비 자세

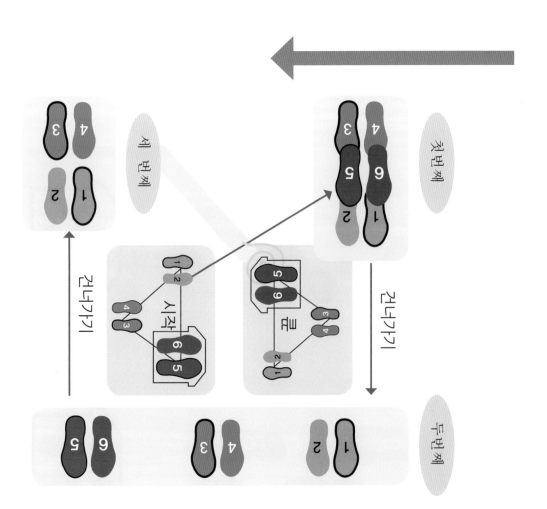

준비

종류	첫번째 6박자	두번째 6박자	세번째 6박자
남성	좌측으로 비켜 줄때	여성의 지나다니는 길을 남성이 건너가서 허리 뒤로 여성을 리드 한다.	남성이 또 후진으로 건너가서 허리앞에서 손을 체인지 해줄때
여성	좌로 돌기 스텝	우로 돌기 스텝	좌로 돌기 스텝

첫 번째 6박자

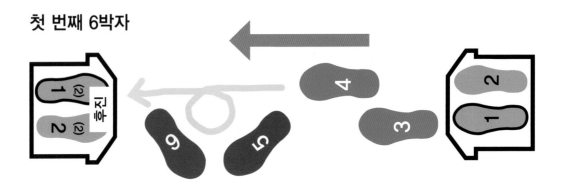

하나, 두울

• **손동작**: 남성이 옆으로 비켜서면 여성은 맞은편 집구간에 있어야 한다.

남성이 여성 앞에 있지 않고 비켜서 면 지나갈 준비를 한다.

1.2. 스텝

세엣, 네엣

신호를 받으면서 전진을 하면 된다.

3.4. 스텝

다섯, 여섯

• **스텝**: 손을 머리위로 올려주면 왼쪽방향으로 회전스텝을 한다.

5.6. 스텝

두 번째 6박자

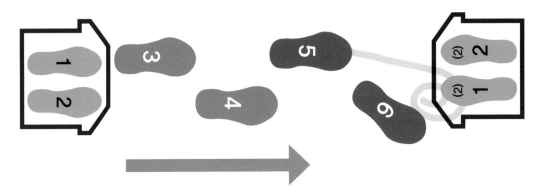

(2) 하나, 두울

- **스텝**: 후진스텝을 하면서 (2)집
  에 있는다.

(2) 1,2, 스텝

(2) 세엣, 네엣

- **스텝**: 남성이 내앞에 없기 때문
  에 전진스텝을 하면 된다.

(2) 3.4. 스텝

(2) 다섯, 여섯

- **스텝**: 이 구간은 회전하는 구간
  인데 아무런 신호가 없으면 계속
  전진한다.

(2) 5.6. 스텝

세 번째 6박자

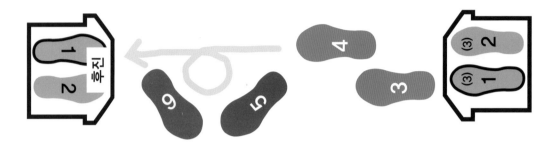

(3) 하나, 두울

• **스텝**: 1. 스텝에 피벗턴을 해서
방향을 바꾼다.

(3) 1.2. 스텝

(3) 세엣, 네엣

파트너가 앞에 없기 때문에 맞은편
으로 지나가면 된다.

(3) 3.4. 스텝

(3) 다섯, 여섯

손을 머리위로 들어주기 때문에 왼
쪽으로 회전스텝을 한다

(3) 5.6. 스텝

마무리 하나, 두울

앞뒤 자리바꿈 스텝일 때는 여성은 6박자씩 양 방향으로 3번 왔다 갔다하면 된다. 마무리 동작에서 삼각 스텝을 연결하면 된다.

마무리 1.2. 스텝

3. 남성이 어깨걸이 스텝을 할 때

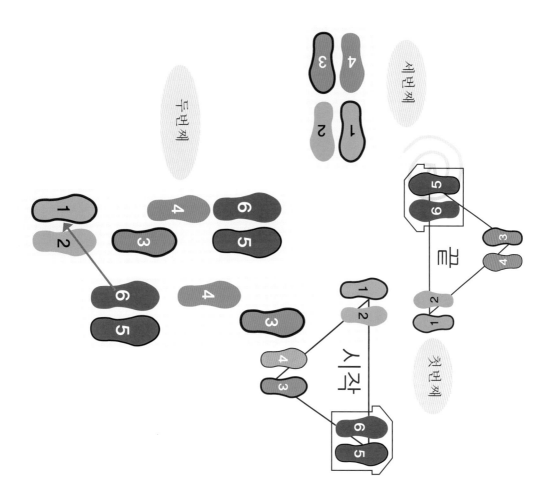

	첫번째 6박자	두번째 6박자	세번째 6박자
남성	후진 스텝을 할때	전진 스텝을 할때	좌비켜 스텝을 할때
여성	좌로 돌기 스텝	한바퀴 반 돌기 스텝	좌로 돌기 스텝

① 6박은 마주보고 있던 남성이 후진을 하면서 여성한데 당기는 신호를 해 준다.

② 그럼 여성은 그냥 좌로 돌기 스텝 6박을 하면서 남자 앞에서 돌아 서서 나란히 한 방향을 보고 서있게 된다.

③ 두 번째 6박은 남성이 여성 등 뒤에서 여성과 같이 전진을 하다가 왼쪽 어깨를 밀어 주는 신호로 여성을 오른 쪽으로 회전을 시켜 준다.

④ 그럼 여성은 한 바퀴 반 돌기 스텝을 하면 된다.

⑤ 세 번째 6박은 남성이 좌비켜 스텝를 하게 된다.

⑥ 그럼 여성은 좌로 돌기 스텝을 하면 된다.

첫 번째 6박자 – 좌로 돌기

남성 어깨걸이 동작

준비 하나, 두울

• **스텝**: 집구간에서 준비한다.

준비 1.2. 스텝

세엣, 네엣

• **스텝**: 3.4. 스텝에 당기는 신호
가 오면 회전하는 것으로 알아야
한다.

3.4. 스텝

다섯, 여섯

• **스텝**: 남성이 손을 왼쪽으로 회
전시키면서 오른쪽 어깨위에 엊
어놓는다.

5.6. 스텝

두 번째 6박자 – 한바퀴반 돌기

(2) 하나, 두울

남성이 손을 당기는 신호는 회전을 하라는 신호이다.

남성이 리드손으로 당겼다가 오른쪽 방향으로 회전 신호를 주면 좌로 돌기 스텝을 해서 남성 앞에 나란히 서 있으면 된다.

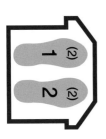

(2) 1.2. 스텝

(2) 세엣, 네엣

직진스텝을 할 때 4. 스텝에 남성이
왼쪽 어깨를 밀어준다.

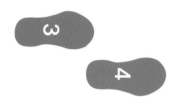

(2) 3.4. 스텝

(2) 다섯, 여섯

빠르게 손을 들고 한바퀴 반 돌기 스
텝을 시작한다.

(2) 5.6. 스텝

세 번째 6박자 – 좌로 돌기

(3) 하나, 두울

남성 앞에 서 있다가 3,4.스텝은 전진스텝을 하고, 5.6.스텝부터 한 바퀴 반을 도는 스텝을 한다. 이때 남성이 잘 돌아가라고 왼쪽 어깨를 5.스텝에 밀어주면 540도 회전을 한다.

(3) 1.2. 스텝

(3) 세엣, 네엣

항상 왼발부터 전진 스텝으로 걷는다.

(3) 3.4. 스텝

(3) 다섯, 여섯

직진 형태에서 오른발만 살짝 45
도 오른쪽 각도로 걷는다.

(3) 5.6. 스텝

마무리 하나, 두울

왼발을 피벗턴을 하고 오른발은
붙인다.

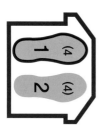

마무리 1.2. 스텝

4. 남성이 안고 돌기 스텝을 할 때

부르스 자세로 남성이 홀드를 하고 여성과 회전하게 된다. 남성이 여성 오른 손을 잡고 살짝 댕기면서, 왼쪽 등허리를 잡고 회전한다. 이때 여성의 왼손은 남성의 어깨 뒤쪽에 살짝 올려놓으면 된다.

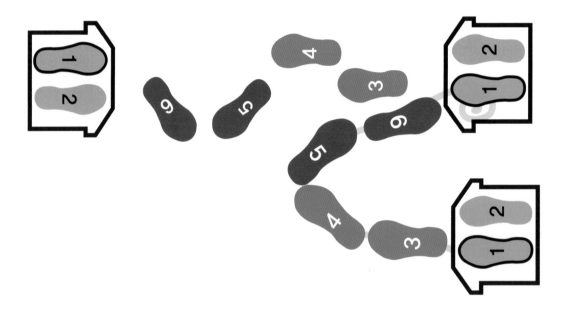

첫 번째 6박자- 제자리 회전 스텝 변형

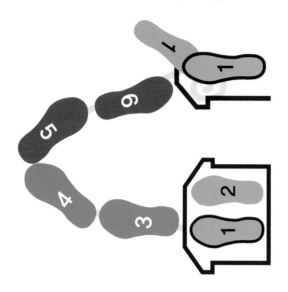

하나, 두울

• **스텝**: 준비하고 있다가 당기는 신
호를 할 때 까지 전후진 베이직
스텝을 한다

1.2. 스텝

세엣, 네엣

- **스텝**: 여성은 항상 전진스텝이다.
- **손동작**: 남성이 여성 오른손을 당기는 신호를 하면 회전스텝이라는 것을 알 수 있다. 왼손을 남성 어깨 위에 올려 양손을 홀드한다.

3.4. 스텝

다섯, 여섯

- **스텝**: 5.6. 스텝은 유턴하듯이 방향을 전환한다

5.6. 스텝

기초 1단계에서 배웠던 제자리 회전 스텝을 변형한 스텝이다. 남성이 당기는 신호에 여성은 제자리 회전스텝처럼 직진을 하려고하면 남성이 같이 회전하기 때문에 약간 곡선 형태로 스텝하게 된다.

두 번째 6박자

두 번째 6박자는 **좌측 돌기 스텝**을 하면 된다.

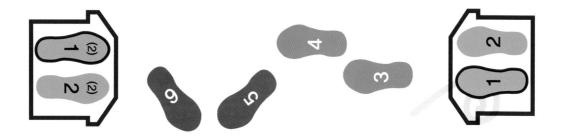

(2) 하나, 두울

- **스텝**: 왼발이 피벗턴을 해서 180도 회전을 한다.
- **손동작**: 양손은 홀드된 상태를 유지한다.

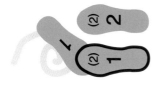

(2) 1.2. 스텝

(2) 세엣, 네엣

- **스텝**: 남성이 왼쪽허리에 있던 손을 밀어주면 직진스텝을 한다.
- **손동작**: 남성 어깨에 있던 왼손은 자연스럽게 내려오면서 떨어진다.

(2) 3.4.스텝

(2) 다섯, 여섯

- **스텝**: 여성은 왼발부터 좌측으로 돌기 스텝을 한다.
- **손동작**: 오른손만 잡은 채로 몸의 방향을 회전한다.

(2) 5.6. 스텝

(3) 하나, 두울

• **스텝**: 후진스텝을 하면서 집에 들
  어오면 된다.

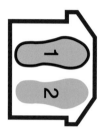

(3) 1.2. 스텝

가이드라인 만들기

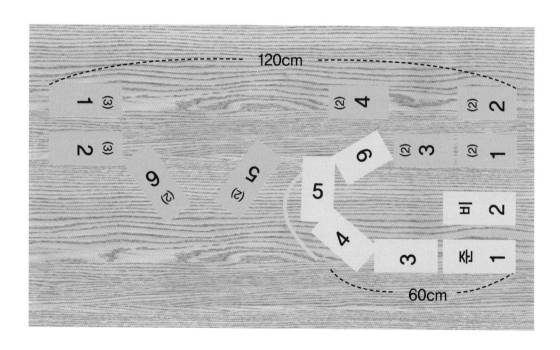

따라하기 쉬운 사교댄스

Korea social dance Jitterbug basics 7

2쇄 발행 2024년 5월 10일

편저자 김미아
펴낸이 남병덕
펴낸곳 전원문화사
주 소 서울시 강서구 화곡로 43가길 30 2층
       T.(02)6735-2100, F. (02)6735-2103
등 록 1999. 11. 16. 제1999-053호